Su Dinero Importa

Un Enfoque Holístico Para Alcanzar la Libertad Financiera y el Bienestar

Dan Desmarques

22 Lions

Su Dinero Importa: Un Enfoque Holístico Para Alcanzar la Libertad Financiera y el Bienestar

Escrito por Dan Desmarques

Índice

Introducción

Money Matters: A Holistic Approach to Achieving Financial Freedom and Well-Being le invita a un profundo viaje de autodescubrimiento y transformación, en el que los ámbitos de la riqueza y la espiritualidad convergen para iluminar un camino hacia el bienestar holístico. En esta esclarecedora exploración, desentrañará el intrincado entramado de creencias, emociones y comportamientos que conforman su relación con el dinero y el éxito.

A través de la lente de la gestión ética de la riqueza y el cultivo de una mentalidad de abundancia, este libro investiga los principios fundamentales de la alineación de los objetivos financieros con los valores personales y el fomento de un profundo sentido de propósito e integridad en sus esfuerzos financieros. Descubra el poder transformador de dominar sus emociones sobre el dinero mientras se embarca en un viaje de autorreflexión y empoderamiento para reprogramar sus creencias y actitudes hacia la riqueza.

Basándose en la sabiduría de la economía conductual y las enseñanzas espirituales, esta guía ofrece estrategias prácticas y perspectivas para navegar por las complejidades de la toma de decisiones financieras con claridad y atención plena. Aprenda a trascender las creencias limitantes, adopte una mentalidad de riqueza y tome decisiones conscientes que le conduzcan a la prosperidad y la realización a largo plazo.

Desde la importancia de superar las expectativas y alcanzar la excelencia en todos los esfuerzos hasta el potencial transformador de alinear los valores personales con los objetivos financieros, este libro proporciona una hoja de ruta para crear una relación armoniosa con el dinero y la abundancia. Adopte un enfoque holístico del bienestar financiero, en el que la integridad, la compasión y el propósito convergen para guiarle hacia una vida de prosperidad y crecimiento espiritual.

Embárquese en un viaje de autodescubrimiento, empoderamiento y transformación mientras desvela los secretos de la riqueza y la espiritualidad. Deja que esta completa guía te acompañe mientras navegas por la intrincada danza entre el dinero y el significado, conduciéndote a una existencia más plena y próspera.

Capítulo 1: La danza simbólica del dinero

Dentro de la experiencia humana, el dinero tiene un poderoso significado simbólico como representación de valor, riqueza y prosperidad. A medida que las personas navegan por las complejidades de ganar, gastar y gestionar el dinero, participan sin darse cuenta en una danza simbólica más profunda que refleja sus creencias, valores y actitudes hacia la abundancia. En el fondo, el dinero simboliza mucho más que una moneda o un medio de intercambio. El dinero encarna una expresión tangible del valor, el éxito y la capacidad de mantenerse a uno mismo y a los demás. La búsqueda de dinero está a menudo entrelazada con la búsqueda de autoestima y validación en una sociedad en la que la realización financiera se equipara a menudo con la realización personal.

A lo largo de la historia y en todas las culturas, el dinero ha sido venerado como un poderoso símbolo de poder, estatus e influencia. La acumulación de riqueza se ve no sólo como un medio de satisfacer los deseos materiales, sino también como un medio de obtener reconocimiento social y establecer el propio lugar en la jerarquía social. El dinero proporciona una sensación de seguridad y estabilidad, permitiendo a las personas controlar su entorno y forjar su destino. Pero la naturaleza simbólica del dinero va más allá de sus implicaciones materiales. El dinero sirve de espejo que refleja la actitud de una persona ante la abundancia, la escasez y el flujo de recursos en su vida.

Las personas que ven el dinero a través del prisma de la escasez tienden a atesorarlo, temen perderlo y se resisten a gastarlo, movidas por un profundo miedo a la carencia. En cambio, quienes adoptan una mentalidad de abundancia ven el dinero como un flujo de energía que circula libremente para crear oportunidades de crecimiento, contribución y realización.

El simbolismo del dinero también se extiende a las nociones de valor, valía y autoestima. Muchas personas vinculan su sentido de la autoestima al éxito financiero, creyendo que su patrimonio neto define su verdadero valor como individuo. Esta confusión entre riqueza y valía puede conducir a un ciclo perpetuo de esfuerzo, logros y nunca sentirse realmente realizado, ya que los indicadores externos de éxito no logran llenar el vacío interior. Además, el dinero sirve como lenguaje simbólico a través del cual las personas expresan sus valores, prioridades y aspiraciones más profundos.

La forma en que las personas ganan, gastan e invierten su dinero refleja sus creencias subyacentes sobre lo que más importa en la vida, ya sea la seguridad, el placer, el estatus, la contribución o el crecimiento personal. Al examinar sus hábitos y elecciones financieras, nos hacemos una idea de sus valores fundamentales y de las narrativas que guían sus acciones. Incluso podemos evaluar las motivaciones y el nivel de determinismo de una persona valorando sus actitudes hacia el dinero. Del mismo modo, podemos predecir con exactitud su éxito futuro simplemente porque vivimos en un mundo en el que el éxito y el dinero están entrelazados.

En el gran tapiz de la vida, el dinero aparece como un símbolo polifacético que entrelaza hilos de poder, seguridad, valor y autoexpresión. Descifrar su lenguaje simbólico es descubrir profundos conocimientos sobre la relación de una persona con la abundancia, el éxito y las infinitas posibilidades que yacen más allá del ámbito financiero.

El camino espiritual de una persona viene determinado por su relación con el dinero. Por lo tanto, al adoptar una comprensión holística del dinero como símbolo, podemos trascender sus restricciones materiales y aprovechar su poder transformador para crear una vida de abundancia y profundo significado.

Capítulo 2: El viaje alquímico del dinero

A lo largo de la historia, el dinero ha experimentado una fascinante transformación, evolucionando desde una representación simbólica del valor hasta un medio práctico de intercambio.

En la antigüedad, el concepto de dinero estaba profundamente entrelazado con el simbolismo del poder, la riqueza y el control. Inicialmente, el dinero se percibía como una forma de energía esencial para adquirir una vida mejor, aumentar el confort y garantizar necesidades básicas como la atención médica; en épocas anteriores, el dinero se simbolizaba con sangre, representando la brutal adquisición de recursos por medios violentos. Era una época en la que la acumulación de riqueza solía implicar actos de agresión y dominación, ejemplificados por los vikingos y otras culturas conocidas por sus conquistas y riquezas adquiridas mediante actos bárbaros.

A medida que las sociedades avanzaban, el dinero pasó a simbolizar la tierra, lo que significaba la propiedad de la tierra y la aparición del tribalismo, las organizaciones y los sistemas bancarios. Esta época marcó el inicio del uso de la agricultura como medio para acumular riqueza y establecer estructuras sociales basadas en la propiedad de la tierra y la productividad agrícola.

Después, con la llegada de la Edad Media, el dinero se asoció a metales como el oro y la plata. Durante este periodo, el dinero se percibió como un metal valioso, lo que consolidó aún más su papel como símbolo destacado de riqueza y prosperidad en diversas culturas.

A lo largo del tiempo, la evolución del dinero ha seguido un patrón cíclico que refleja los elementos: agua, tierra y metal. Sin embargo, la carta alquímica sugiere la ausencia de los elementos fuego y madera, insinuando la inminente evolución del sistema económico. La era actual, representada por la madera, significa un posible cambio hacia un sistema económico en colapso debido a la excesiva dependencia del papel moneda derivado de la madera.

De cara al futuro, la narrativa del dinero entrará en una nueva fase con la aparición de monedas digitales, como el bitcoin, y la posible integración de microchips RFID como forma de transacción. Esta transformación pone de relieve la necesidad de adaptarse a escenarios económicos en constante cambio y de comprender el valor simbólico intrínseco del dinero más allá de su representación material: en esencia, la evolución histórica del dinero revela su profundo significado como lenguaje simbólico que refleja valores sociales, dinámicas de poder y paradigmas económicos.

Al explorar el viaje simbólico del dinero, de la sangre a los metales y más allá, obtenemos valiosos conocimientos sobre la intrincada relación entre riqueza, simbolismo y la naturaleza evolutiva de los sistemas financieros. El concepto de dinero como energía ahonda en la profunda constatación de que el dinero trasciende su forma material y actúa como una fuerza vital que moldea nuestras vidas. Más allá de su función tangible, el dinero encarna una representación simbólica de la riqueza, el valor y la prosperidad.

Entender el dinero como energía significa reconocer su capacidad para influir en diversos aspectos de nuestra existencia, desde nuestro bienestar material hasta nuestros ámbitos emocional y espiritual. Como el dinero encarna una forma de energía que impregna todos los aspectos de la vida humana, la relación entre dinero y salud pone de relieve la interconexión entre el bienestar financiero y el bienestar general.

Adoptar una mentalidad de abundancia y comprender el flujo energético del dinero puede dar lugar a mayores oportunidades de crecimiento, éxito y realización. Ver el dinero como energía invita a las personas a explorar una conexión más profunda con sus recursos financieros y el poder simbólico que tienen. Al alinear nuestras creencias, actitudes y acciones con la esencia energética del dinero, podemos aprovechar su potencial transformador para crear abundancia, prosperidad y una vida equilibrada basada en el propósito y el significado.

Capítulo 3: La naturaleza ilusoria del dinero

Comprender las leyes espirituales del dinero conduce a una intrincada relación entre espiritualidad y abundancia financiera que trasciende las nociones convencionales de riqueza. El concepto del dinero como una forma de energía entrelazada con principios espirituales moldea las actitudes, creencias y acciones individuales hacia la adquisición de riqueza y prosperidad.

Uno de los aspectos fundamentales que iluminan las leyes espirituales del dinero es la conexión entre el valor interior de una persona y las manifestaciones externas de riqueza. El dinero se considera un reflejo del valor del alma de una persona, lo que subraya la importancia de alinear las acciones e intenciones personales con principios espirituales superiores para atraer la abundancia. Al elevar la conciencia y ampliar la percepción espiritual, podemos aprovechar el flujo de prosperidad y crear un equilibrio armonioso entre la riqueza material y el crecimiento espiritual.

La naturaleza espiritual del dinero subraya la importancia de añadir valor a los demás como camino hacia la abundancia financiera. La ley de la reciprocidad desempeña un papel crucial en la creación de riqueza, ya que subraya la importancia de devolver a la sociedad, apoyar causas benéficas y contribuir al bienestar de los demás. Al comprender que la riqueza es un subproducto de aportar valor y tener un impacto positivo en el mundo, podemos aprovechar el flujo de la abundancia de acuerdo con los principios universales.

Además, las leyes espirituales del dinero hacen hincapié en el papel de la intención, la gratitud y la mentalidad para atraer la prosperidad. Cultivar una mentalidad de abundancia y gratitud, al tiempo que establecemos intenciones claras para los objetivos financieros, nos permite manifestar abundancia y oportunidades en nuestras vidas. Al alinear pensamientos, emociones y acciones con vibraciones positivas de abundancia, podemos magnetizar la riqueza y liberar el flujo de prosperidad según las leyes espirituales.

Las leyes espirituales del dinero también arrojan luz sobre la relación entre el crecimiento personal y el éxito financiero. La transformación interior, la autoconciencia y la evolución espiritual son componentes integrales de la manifestación de la riqueza, lo que pone de relieve el viaje de autodescubrimiento y autodominio como elementos esenciales para atraer la abundancia financiera. Al dar prioridad al desarrollo personal, expandir la conciencia e integrar las prácticas espirituales en la vida cotidiana, las personas pueden elevar su realidad financiera y cultivar un enfoque holístico de la creación de riqueza.

En esencia, las leyes espirituales del dinero sirven como principios rectores que iluminan la conexión sagrada entre espiritualidad y riqueza. Al incorporar principios de generosidad, integridad y alineación con la conciencia superior, podemos trascender las limitaciones materiales y entrar en un reino de posibilidades ilimitadas y abundancia.

La integración armoniosa de los valores espirituales con las búsquedas financieras no sólo enriquece la vida material de una persona, sino que también alimenta el alma, promoviendo un sentido más profundo de propósito, realización y prosperidad en alineación con el flujo universal de abundancia.

El dinero es esencialmente una construcción basada en la confianza, la seguridad y el acuerdo social. El valor atribuido al dinero no es intrínseco, sino producto de creencias colectivas, sistemas económicos y construcciones sociales. Sin embargo, comprender la naturaleza ilusoria del dinero requiere un examen crítico de su significado simbólico y del papel que desempeña en la configuración de las experiencias e interacciones humanas.

El impacto de la ilusión del dinero va más allá del ámbito de la riqueza material y se extiende a complejas dinámicas de poder, estatus y autoestima. La sociedad suele equiparar el éxito financiero con la valía personal, lo que lleva a las personas a asociar su autoestima e identidad con sus activos monetarios. La ilusión del dinero perpetúa un ciclo de deseos materialistas, creando una búsqueda constante de riqueza como medida de felicidad y realización, y se cruza con dimensiones espirituales y filosóficas más profundas que reflejan la interconexión de los reinos material e inmaterial.

Aunque el dinero facilita las transacciones económicas y la adquisición de materiales, su naturaleza ilusoria desafía a las personas a cuestionar la verdadera fuente de abundancia y realización.

Liberarse de la ilusión del dinero implica un viaje de autoconciencia, introspección y reevaluación de las creencias fundamentales sobre la riqueza y el éxito, y la ilusión del dinero sirve de puerta de entrada a investigaciones filosóficas más profundas sobre la naturaleza de la riqueza, el valor y la percepción humana.

Al trascender el barniz material del dinero y explorar su esencia simbólica, las personas pueden descubrir verdades profundas sobre la interconexión de la abundancia, la espiritualidad y el crecimiento personal. Adoptar una visión holística del dinero que reconozca su naturaleza ilusoria puede conducir a un cambio de mentalidad que promueva un sentido más profundo de realización, propósito y resistencia frente a las ilusiones materiales.

Capítulo 4: El equilibrio entre el desarrollo espiritual y la prosperidad financiera

La sabiduría obtenida de la eterna conexión entre espiritualidad y riqueza ofrece profundos conocimientos sobre la experiencia humana. En esencia, la relación entre espiritualidad y riqueza es de simbiosis, no de conflicto.

La narrativa que opone la realización espiritual a la riqueza material simplifica en exceso la interacción dinámica entre estas fuerzas. En cambio, una perspectiva diferenciada revela que pueden complementarse y enriquecerse mutuamente cuando se abordan con atención y sabiduría, y que la base de esta armonía reside en reconocer que la riqueza y la espiritualidad no son entidades separadas, sino hilos interconectados de la experiencia humana.

El camino hacia el éxito financiero puede coexistir con el crecimiento espiritual cuando se guía por principios de integridad, compasión y propósito. Lograr un equilibrio entre ambos implica navegar por el mundo exterior de la riqueza monetaria y alimentar al mismo tiempo el paisaje interior del bienestar espiritual.

El concepto de que la riqueza no es intrínsecamente antitética a la espiritualidad es fundamental. Por el contrario, es la intención que subyace a la acumulación de riqueza y el modo en que se utiliza lo que determina su alineación con los valores espirituales.

El dinero, cuando se gana y se utiliza conscientemente, puede ser una herramienta para la transformación positiva y el servicio a los demás. Pero equilibrar espiritualidad y riqueza no está exento de dificultades. A veces, el atractivo del éxito económico puede desviar a las personas del camino correcto, haciéndolas priorizar las ganancias materiales sobre el crecimiento espiritual.

Por otra parte, centrarse exclusivamente en la búsqueda espiritual sin tener en cuenta los aspectos económicos puede poner en peligro la capacidad de la persona para afrontar los aspectos prácticos de la vida en el mundo material.

Lograr un equilibrio entre estos ámbitos requiere un esfuerzo consciente para integrar las prácticas espirituales en la vida cotidiana, al tiempo que se aborda la responsabilidad financiera desde un punto de vista ético. Adoptando un enfoque holístico que honre tanto la dimensión espiritual como la material de la existencia, las personas pueden cosechar los frutos de la prosperidad sin dejar de basarse en valores espirituales.

Además, las lecciones aprendidas de la intersección entre espiritualidad y riqueza trascienden las meras búsquedas monetarias. Destacan la importancia de alinear las propias acciones con principios más elevados y promover una actitud de abundancia basada en la integridad y la compasión. Al encarnar esta relación armoniosa, las personas pueden navegar por las complejidades de la vida con gracia y propósito.

La interacción entre espiritualidad y riqueza ofrece un tapiz de lecciones que iluminan el camino hacia el bienestar holístico. Nos invita a trascender la dicotomía materialismo frente a espiritualidad y a adoptar un modo de vida más integrado y auténtico, que honre tanto el crecimiento del alma como la prosperidad del reino material.

En el ámbito del bienestar financiero y el desarrollo personal, el arte de administrar el dinero emerge como un pilar de fortaleza y crecimiento. Necesitamos saber manejar nuestras finanzas con sabiduría y previsión para un progreso holístico. Pero en el corazón de la gestión eficaz del dinero está el concepto de crear dinero, no sólo de ganarlo. Al crear valor y comprender el valor intrínseco de las ideas, podemos navegar por el panorama financiero con una nueva perspectiva.

La noción de que vender ideas es la esencia misma del arte, no el arte en sí mismo, subraya la idea de que el valor y la demanda se entrecruzan para dar forma a empresas prósperas, y el principio de rodearse de aquellos a los que se valora y dedicarse a empresas que se perciben como valiosas subraya la esencia de alinear los valores personales con los objetivos financieros. Hacer hincapié en la importancia de satisfacer las necesidades en lugar de imponer la voluntad ilustra las sutilezas de satisfacer las necesidades de los consumidores y promover el éxito a largo plazo en las empresas.

Básicamente, necesitamos abundancia de oferta, calidad y atención a las necesidades del cliente para promover la satisfacción e impulsar la demanda. La idea de ofrecer más valor del que se pide ejemplifica el espíritu de superar las expectativas y ofrecer excelencia en todas las actividades, ya sea escribiendo libros o dirigiendo una empresa.

Además, explorar el poder transformador de dominar las emociones asociadas al dinero revela un enfoque autoterapéutico para reprogramar las creencias y actitudes sobre la riqueza. Mediante ejercicios que personifican el dinero como un amigo y muestran amor y aprecio por la abundancia financiera, podemos cambiar nuestra mentalidad hacia la prosperidad y la riqueza.

Capítulo 5: La interacción entre la confianza y la riqueza

La intrincada interacción entre el dinero y la confianza revela una relación fundamental que da forma a nuestras percepciones e interacciones con la riqueza. El dinero, como concepto valorado por la confianza, está intrínsecamente ligado a la confianza que depositamos en su representación y utilidad. El valor percibido del dinero está estrechamente vinculado al grado de confianza que tenemos en la estabilidad y fiabilidad del sistema económico que lo sustenta.

El valor que atribuimos al dinero no se basa únicamente en su forma material, sino que está profundamente arraigado en la confianza que tenemos en su capacidad para funcionar como medio de cambio, depósito de valor y unidad de cuenta. Esta confianza en la moneda que utilizamos es esencial para el buen funcionamiento de las transacciones económicas y para la estabilidad general de los sistemas financieros.

La confianza también desempeña un papel fundamental a la hora de determinar el valor percibido de los bienes y servicios intercambiados por dinero. Cuando la confianza entre compradores y vendedores es alta, es probable que aumente el valor percibido de los productos que se intercambian, lo que conduce a resultados más favorables para ambas partes.

Por otro lado, la falta de confianza puede poner en peligro el valor percibido de las transacciones, creando incertidumbre y dificultando las interacciones económicas. Pero la relación entre confianza y riqueza va más allá de las transacciones individuales y abarca dinámicas sociales y culturales más amplias. El valor social, así como el valor percibido de un individuo en una comunidad, está estrechamente ligado al nivel de confianza y respeto que posee.

Generar confianza con los demás aumenta el valor social de una persona y abre oportunidades de colaboración, crecimiento y prosperidad; y la confianza es un componente esencial para crear y mantener relaciones personales y profesionales que pueden conducir al éxito financiero.

Las interacciones basadas en la confianza fomentan la sensación de seguridad y previsibilidad, lo que permite a una persona emprender iniciativas económicas con confianza y fiabilidad. Además, la confianza en uno mismo y en sus capacidades desempeña un papel fundamental en la capacitación y la creación de riqueza. Creer en la propia capacidad para alcanzar objetivos financieros y tomar decisiones acertadas es esencial para el éxito empresarial y la acumulación de riqueza.

En resumen, la intrincada relación entre dinero y confianza pone de relieve el profundo impacto de la confianza y la fiabilidad en el valor percibido de la riqueza y las interacciones económicas. La confianza sirve de guía para configurar nuestras creencias, comportamientos y relaciones con el dinero, influyendo no sólo en los resultados financieros individuales, sino también en percepciones sociales y culturales más amplias del valor y la riqueza.

Como resultado, en nuestro mundo moderno, el dinero sirve de espejo que refleja los valores sociales, las dinámicas de poder y las pautas de distribución. A medida que los individuos otorgan valor al dinero a nivel personal y comunitario, el concepto de moneda trasciende su forma física para convertirse en un símbolo de confianza, valor social y poder de transacción. Esta conexión entre confianza, valor y dinero constituye la base de las transacciones económicas y las jerarquías sociales, y una mirada más atenta al impacto social del dinero revela crudas realidades sobre las diferencias de poder, la desigualdad económica y la estratificación social.

Así, la distribución de la riqueza en una sociedad refleja no sólo las desigualdades financieras, sino también las desigualdades fundamentales en el acceso a los recursos, las oportunidades y la movilidad social. La correlación entre riqueza y privilegio pone de relieve las injusticias sistémicas perpetuadas por la desigual distribución de la riqueza, y el papel del dinero en la configuración de las estructuras sociales es evidente en los ámbitos del empleo, la educación y la calidad de vida. Por lo general, las personas intercambian su tiempo y su trabajo por una compensación monetaria, lo que repercute en el bienestar, la realización y el estatus social. Pero el impacto del dinero en la educación pone de relieve las disparidades en el acceso a las oportunidades de aprendizaje, perpetuando ciclos de privilegio o desventaja.

Un aspecto esencial del estudio del dinero en la sociedad es comprender la relación entre productividad, eficiencia y creación de valor. Los aumentos de productividad impulsados por incentivos económicos ponen de relieve el intrincado equilibrio entre el esfuerzo individual, la recompensa económica y el progreso de la sociedad. La concordancia entre las capacidades individuales, la demanda del mercado y el valor económico pone de relieve la interconexión de la creación de riqueza en un contexto social.

Desentrañar las implicaciones sociales de la distribución del dinero revela que la riqueza es más que un activo financiero: encarna el poder social, la influencia y la oportunidad. Los privilegiados económicamente suelen ejercer una gran influencia sobre las estructuras sociales, determinando las políticas, las prioridades y la asignación de recursos. Esta concentración de riqueza y poder pone de relieve la necesidad de mecanismos de distribución equitativa y de políticas sociales que promuevan la inclusión y la justicia económica.

Sin embargo, si examinamos de forma crítica el impacto social del dinero y sus patrones de distribución, podremos luchar por una estructura económica más equitativa, inclusiva y responsable que eleve a las comunidades, fomente la capacitación y promueva la prosperidad sostenible para todos los miembros de la sociedad.

Capítulo 6: El camino hacia la prosperidad sostenible

Uno de los principios fundamentales en los que se hace hincapié a la hora de explorar estrategias empresariales eficaces es la alineación de la mente, la conciencia y la acción en el viaje empresarial. Es esencial reconocer que un enfoque holístico que abarque aspectos espirituales, psicológicos y monetarios es esencial para mantener el equilibrio y promover la prosperidad a largo plazo.

La interconexión de estos elementos subraya la importancia del crecimiento y la evolución continuos tanto en la esfera personal como en la empresarial, y el concepto de quiebra sirve para recordar las consecuencias del desequilibrio y la negligencia en el panorama empresarial. Considerar la quiebra no sólo como un fracaso financiero, sino como un colapso holístico que abarca facetas espirituales, psicológicas y monetarias, conduce a una introspección sobre las implicaciones más profundas de la riqueza y el éxito.

Al comprender que el dinero tiene un significado más allá de su forma material y que la alineación estratégica con el propósito y los valores propios es esencial para un crecimiento empresarial sostenible, los empresarios de éxito suelen trascender el encanto de la ganancia inmediata y priorizan las estrategias a largo plazo sobre las búsquedas a corto plazo.

Un enfoque con visión de futuro centrado en la creación de valor duradero, el cultivo de relaciones con los clientes y la inversión en soluciones innovadoras distingue a los mejores empresarios del resto. El énfasis en las estrategias más que en los productos subraya el valor de la planificación visionaria y la adaptabilidad en un panorama empresarial en rápida evolución. Esta actitud requiere que confiemos en nosotros mismos y en los demás, tanto en la planificación como en la comunicación.

Esta confianza se manifiesta en nuestras vidas a través de nuestra autodeterminación y disciplina, porque no podemos confiar en nosotros mismos si no somos capaces de controlar nuestros propios instintos y, en cambio, aceptamos la pereza. Esta confianza se manifiesta cuando nos comunicamos con los demás con la capacidad de rechazar cualquier forma de conversación que anule nuestro potencial para lograr nuestros resultados.

De hecho, antes de encontrar personas que nos hagan las preguntas adecuadas, tenemos que deshacernos de las personas que insisten en hacer los juicios más negativos, o al menos dejarlas fuera de nuestros planes. Más adelante, cuando desarrollemos nuestro plan de negocio, la confianza aparecerá en nuestra comunicación con los consumidores.

Los artistas suelen ser pobres, no tanto por la inevitabilidad de su propia singularidad, sino por su falta de capacidad para comunicarse eficazmente con los demás. Una vez conocí a un escritor que se quejaba de no poder ganar mucho dinero y, durante la conversación, también admitió que era muy grosero con sus seguidores. Y la pregunta es: ¿cómo puedes esperar que la gente a la que antagonizas te quiera por lo que haces?

Muchos escritores olvidan que cuando das una imagen de arrogancia a la gente a la que le gusta tu trabajo, ese trabajo pierde valor e interés, y lo mismo ocurre con cualquier otra cosa. Tuve éxito como profesor y como vendedor online porque tanto mis alumnos como los compradores online sabían que podían confiar en que respondería a sus mensajes y preguntas y que haría exactamente lo que dijera que haría. También sabían que no podían esperar lo mismo de los demás. La diferencia era obvia, al igual que mi rápida popularidad como empresario y profesor.

La confianza, elemento fundamental de las transacciones económicas, sustenta el valor percibido de un producto y la marca que lo respalda, o incluso de una persona y su servicio, e influye en el comportamiento de los consumidores. Comprender la relación simbiótica entre confianza y distribución de la riqueza arroja luz sobre la interconexión de las estructuras sociales, las disparidades económicas y la dinámica de poder en la sociedad. Estas dinámicas, sin embargo, suelen estar influidas por los celos.

Por ejemplo, no tenía respuesta para mis colegas que me preguntaban por qué ciertas universidades me pedían que impartiera asignaturas para las que ellos estaban cualificados y yo no, porque esperaban obtener ingresos extra en función de sus habilidades, y en cambio la gente me elegía en función de la confianza que tenían en mi trabajo, y es que las habilidades y los resultados no están necesariamente relacionados.

Una persona puede tener las habilidades y los conocimientos que la llevaron a adquirirlas y ser incompetente a la hora de producir resultados, mientras que otra puede haber adquirido las habilidades y los conocimientos por sí misma y producir resultados eficaces.

Un título universitario por sí solo no garantiza resultados. De hecho, la mayoría de los trabajos que he tenido en mi vida no tenían nada que ver con lo que aprendí a través de otras personas, sino con lo que aprendí por mi cuenta. La gente confiaba en mis resultados porque veían que otros no obtenían resultados, a pesar de sus cualificaciones.

Una de las cosas más comunes que veo en las personas es que son egoístas, tanto en sus trabajos como en los servicios que prestan y los negocios que quieren desarrollar, y esta es la causa de su fracaso. Carecen de valor social, de conciencia espiritual y de la capacidad de ver la naturaleza multidimensional de las empresas. No pueden trascender la necesidad de beneficio inmediato y abrazar la sostenibilidad a largo plazo. Como resultado, se enfrentan a retos que no pueden superar, no consiguen aumentar la productividad y la rentabilidad y acaban aplazando sus tareas más urgentes.

Muchos de ellos tampoco logran trascender los paradigmas empresariales convencionales ni desafiar las nociones tradicionales de éxito y prosperidad, por lo que casi invariablemente intentan triunfar por caminos trillados que no aportan demasiado valor. Les falta discernimiento e inteligencia emocional para evaluar sus decisiones y valor para aventurarse en lo desconocido.

Si tuvieran más fe en sí mismas y fueran capaces de alinearse con valores sociales más amplios, cultivar las relaciones con los clientes y abordar las principales deficiencias organizativas, navegarían más fácilmente por las complejidades del panorama empresarial moderno y trazarían un camino hacia la prosperidad duradera, la resiliencia estratégica y el impacto social.

Capítulo 7: Convertir la pobreza en riqueza

Examinar las implicaciones éticas de las cuestiones financieras ilumina las complejidades morales inherentes a la búsqueda y gestión del dinero. En el centro de la reflexión ética está el reconocimiento de que nuestras creencias inconscientes desempeñan un papel importante en la configuración de nuestras actitudes y comportamientos hacia el dinero.

La constatación de que más del 80% de nuestras acciones se derivan de creencias profundamente arraigadas subraya la importancia de la introspección y la percepción consciente a la hora de tomar decisiones financieras.

También significa que si no eres consciente de tu necesidad diaria de replantear tus creencias, es más probable que fracases en cualquier cosa que requiera un cambio en los patrones de pensamiento y un cambio de paradigma en tu realidad.

En otras palabras, necesitas creer que puedes ser rico antes de poder serlo realmente, y esto requiere que visualices y te sientas rico antes de poder tener más riqueza. Debes sentirte más cómodo con la riqueza que con la pobreza.

Aunque esto pueda parecer sencillo, ya que nadie quiere ser pobre, lo cierto es que la mayoría de las personas se sienten incómodas con la riqueza, y por eso gastan su dinero tan rápido como lo ganan.

Adquirir una mentalidad de riqueza requiere que aprenda a ahorrar su dinero y a valorarlo. También requiere que asocie sus emociones con la riqueza, disfrutando de las cosas que hace la gente rica, como viajar, comer bien y adquirir una visión más positiva de la vida.

Esto puede sonar difícil, o como si necesitaras dinero para ganar más dinero, y aunque en parte es cierto que cuanto más tienes, más puedes conseguir, hay otras formas de ejercitar tu mente con estas recomendaciones. Por ejemplo, puede que no conozcas a gente famosa y rica, pero puedes leer lo que escriben, sus memorias y adoptar sus hábitos mentales. Las 38 cartas de J.D. Rockefeller a su hijo son un buen ejemplo de ello, porque mientras él compartía información sobre riqueza y valores sociales, tú puedes acceder y aprender de estas cartas como si fueras el hijo del hombre más rico del mundo.

Hay muchos otros ejemplos de personas que comparten sus pensamientos y creencias en libros que puedes leer. Cuanto más hagas esto, más aprenderás de personas que nunca has conocido y que incluso pueden estar muertas. Al final, la información que obtengas te transformará.

Cuando leía mucho, la gente me veía como un joven extraño porque había formulado conclusiones que no se correspondían con mi realidad. Era pobre, parecía pobre y nunca había viajado a ninguna parte del mundo. Pero ya había acumulado muchos conocimientos y, aunque éstos parecían contradecir mi realidad, más tarde contribuirían a mi potencial para cambiarla.

Sin la abundancia de libros que he leído sobre la Ley de la Atracción, probablemente no habría cambiado mi cerebro hasta el punto de crear un nuevo mundo para mí, moviéndome entre realidades paralelas, y en su lugar seguiría luchando por sobrevivir, pasando exactamente por los mismos retos. Pero la mayoría de la gente está tan atrapada en las mismas luchas que aprenden a llamarlas normales y luego las aceptan, muriendo exactamente como siempre han vivido, en la miseria y el sufrimiento absolutos.

Cualquier otra cosa que no sea la realidad que conocen es una imposibilidad, una mentira, y por eso estas mismas personas me acusan de ser traficante de drogas o de hacer cualquier otra cosa ilegal. Porque son demasiado estúpidos para cambiar, necesitan ver a los que cambian no como más sabios, sino como criminales.

De hecho, así es como los estúpidos perciben la realidad, como un mundo en el que tienes que hacer algo ilegal para cambiarlo, porque ellos mismos son incapaces de cambiar nada. Y qué miseria cuando aceptas que eres quien eres y no un producto de tu propia creación. Así que el karma más doloroso que puedes dar a tus enemigos es no luchar contra ellos y no darles ninguna información.

Aprendí el significado de poner la otra mejilla, como recomendaba Yeshua en las Escrituras, cuando vi, a lo largo de muchas décadas, que la gente se niega a cambiar y, en cambio, intenta detenerte cuando quieres cambiar, y te insulta y difama cuando cambias. Así que lo peor que puedes hacer por ellos no es odiarlos, sino dejarlos en su propia ignorancia, porque esa ignorancia perpetúa su realidad.

Hoy en día, cuando las mismas personas hablan conmigo, es como si hubiera retrocedido en el tiempo, porque la persona con la que hablan ya no existe, pero ellos no lo saben, siguen atrapados en la misma realidad en la que nada ha cambiado. No pueden percibir mis cambios porque eso significaría percibir el estancamiento en ellos mismos y, en consecuencia, el verdadero yo les resulta invisible. Me hacen sentir como un fantasma porque en realidad no hablan conmigo, sino con su versión imaginaria de lo que soy.

Tampoco es difícil disfrutar de las cosas que hace la gente rica cuando te das cuenta de que algunos de los lugares más pobres del mundo son también algunos de los más visitados por los turistas. Basta con mirar a tu alrededor y darte cuenta del valor de las cosas que no aprecias. Esta mentalidad de aprecio te llevará a la mentalidad de riqueza que estás intentando crear.

Por ejemplo, cuando era pobre, solía visitar las zonas más ricas de mi ciudad y observar las calles, las casas y sentir las emociones en el aire alimentadas por la energía de los residentes. No juzgaba la forma en que me miraban, sino que me centraba en las cosas que eran gratis, como un paseo por la playa, o baratas, como un café expreso en una cafetería donde me recibían con una sonrisa.

Estas experiencias me ayudaron a desplazar mi atención de la pobreza a la riqueza, de modo que incluso viviendo en pisos en los que me daba vergüenza invitar a amigos, podía experimentar una mentalidad rica durante el día simplemente por estar en zonas en las que podía sentirme rica.

La capacidad de separar mi estado emocional de mi estado financiero me ayudó a ganar espacio mental para seguir el camino que me llevó a donde estoy ahora. Y acabé olvidando ese inmenso sufrimiento, aunque me lo recuerden cada vez que vuelvo a Europa, porque lo convertí en resiliencia y autodisciplina. Ahora no tengo miedo de ser pobre porque sé cómo ser rico y me encanta la vida que tengo.

Capítulo 8: Integrar la ética en los asuntos financieros

La interacción entre poder, dinero y educación pone de relieve la influencia de la exposición temprana a la riqueza y los privilegios en la formación de las actitudes de las personas hacia el dinero. Está claro que quienes están rodeados de riqueza desde una edad temprana suelen orientarse hacia una mentalidad de abundancia y gestión financiera responsable, mientras que las personas criadas en entornos menos prósperos pueden luchar contra una mentalidad de escasez y creencias arraigadas sobre el valor del dinero.

Las religiones, en particular, suelen desempeñar un papel negativo en la mente de las personas, asociando la virtud con el sufrimiento y la riqueza con el engaño y el mal. Como resultado, la culpa actúa como una fuerza corrosiva que debilita la responsabilidad personal y nos disuade de perseguir nuestros sueños. Nos sentimos culpables por querer más porque nos dicen que el amor se encuentra entre personas que quieren menos para nosotros y que se resentirán por nuestros logros, especialmente cuando hemos conseguido mucho más de lo que esperaban de nosotros.

Reconocer los efectos perjudiciales de la culpa en las relaciones con el dinero y con los demás pone de relieve la importancia de fomentar un sentido de responsabilidad por nuestra propia existencia en lugar de permitir que otros dicten nuestros resultados. Al fin y al cabo, si somos los únicos que tenemos que hacer frente a las consecuencias, ¿por qué deberíamos permitir que otros dicten la experiencia que tenemos?

Asumir la responsabilidad de nuestro éxito económico también significa que quizá tengamos que descuidar el valor de las personas que nos oprimen. Nuestro amor por los demás y nuestro altruismo hacia la humanidad no deberían incluir la ingenuidad y la aceptación de quienes no sólo no comprenden estas cualidades, sino que las desprecian y las ven como debilidades.

Ciertamente, pierdo rápidamente el interés por compartir lo que sé con quienes no hacen lo mismo y, en cambio, me ven como un tonto por ser compasivo, mientras que ellos ven a los demás como competidores. Nuestras conversaciones están motivadas por intereses diferentes, y mis virtudes son vistas por ellos como defectos.

Es más, siempre que compartes lo que sabes con gente envidiosa, es más probable que te enfrentes a la oposición mediante mentiras, sabotaje de tus esfuerzos y calumnias.

Sólo quienes ven la vida como una colaboración y un intercambio de ideas pueden defender valores holísticos y aceptarte tal como eres, con debilidades y fortalezas, y ver en ti las debilidades y fortalezas reales, mientras que las personas envidiosas que te encuentras por el camino hacen exactamente lo contrario y te hacen confundir tus fortalezas con debilidades y las debilidades con fortalezas.

Las personas que intentaron impedir que me convirtiera en un escritor de éxito encontraban errores en mis escritos o me decían que no parecía un escritor, y ninguna de las dos situaciones determina mi valía, aunque sí hacen que muchos que buscan el mismo resultado se cuestionen a sí mismos.

Ninguna de estas mismas personas se dio cuenta nunca de que mi experiencia como profesor y gestor de empresas o los miles de libros que he leído sobre finanzas, manifestación y espiritualidad me ayudarían a triunfar porque a ninguno de ellos les interesaba verme triunfar. Apostaban por mi fracaso.

La gente necesita tener razón, y si yo hubiera fracasado, les habría dado la razón. Pero al tener éxito, les demostré que estaban equivocados y que eran insignificantes comparados conmigo, y eso lo odian, por eso perdí todas las amistades que tenía.

Sin embargo, lo mismo ocurre con mis lectores, que confunden compartir conocimientos con arrogancia y luego me insultan en sus críticas diciendo que soy un narcisista. ¿Por qué iba a ser narcisista si estoy compartiendo todo lo que sé para ayudarte a triunfar y a disfrutar de la vida más rápido de lo que yo nunca pude?

Estoy literalmente condensando años de mi vida en unas pocas páginas para que puedas lograr más en menos tiempo. Pero, ¿soy arrogante, narcisista y mezquino por hacerlo?

Estas personas son egoístas. Escriben estas cosas porque no quieren que otras personas lean sus libros. Mi escritura les hace sentirse insignificantes, y saben que si otras personas leen estos libros, el éxito de esos lectores les hará sentirse aún peor, así que hacen todo lo posible para que menos gente encuentre los libros y los lea. Y qué pena que vivamos en un mundo en el que la mayoría cree lo que dice la mayoría, porque si no lees un libro por lo que otra persona ha dicho de él, es menos probable que encuentres las lecciones que necesitas.

Los libros más populares no amenazan el statu quo de nadie, y por eso se promocionan. No son más que libros de sentido común que, en muchos casos, te enseñan a aceptar la vida tal y como es y a no hacer nada al respecto. De hecho, gran parte de la hostilidad hacia los ricos proviene de la gran desigualdad financiera. Cuanto más pobre es la gente, más probable es que odie los libros poderosos sobre cómo adquirir riqueza. Odian el libro porque no pueden aceptarlo, lo odian porque no pueden cambiar y lo odian porque saben que otros lo leerán y cambiarán.

Esto es envidia, resentimiento y una proyección de odio a sí mismo, todo al mismo tiempo, dirigido al autor de tales escritos. ¿Y cómo puede alguien estar tan lleno de odio que manifieste locura cuando rechaza las mismas cosas que envidia?

No podemos desafiar las normas sociales que equiparan la riqueza con connotaciones negativas aceptándolas, ni podemos cambiar nuestro destino odiando a quienes tienen lo que nosotros queremos. Al replantear las perspectivas sobre la distribución de la riqueza y reconocer la interconexión entre riqueza y estructuras sociales, podemos cultivar una comprensión más matizada de las consideraciones éticas en materia financiera.

En el discurso ético sobre el dinero es fundamental reconocer que el éxito financiero está entrelazado con la madurez espiritual y psicológica. La constatación de que la riqueza realza las cualidades inherentes a una persona subraya la importancia de alinear las aspiraciones financieras con los valores y la realización personales.

Crecemos como personas y como almas cuando comprendemos que nuestra relación con el dinero está en el centro de nuestra relación con el mundo y con la vida misma, y afecta no sólo a cómo vivimos nosotros, sino a cómo vive todo el mundo. Necesitamos más introspección, conciencia social y discernimiento moral para poder ver cómo nuestra relación con el dinero está directamente relacionada con cómo queremos vivir nuestras vidas y en qué tipo de mundo queremos vivir.

En otras palabras, si no te gusta tu jefe, deja de trabajar para él; si no crees en el impacto positivo que tu empresa tiene en el mundo, márchate; si quieres ser rico, elige algo en lo que creas y da lo mejor de ti, no sólo porque quieras ser rico, sino porque sabes que el mundo es un lugar mejor con gente como tú.

Incorporar consideraciones éticas a las cuestiones financieras no sólo promueve el crecimiento y el bienestar personales, sino que también contribuye a una sociedad más ética y armoniosa.

Capítulo 9: La alquimia del dinero y las emociones

Explorar la intrincada relación entre el dinero y las emociones revela una conexión profunda que conforma nuestro bienestar mental y psicológico. La influencia del dinero en los estados emocionales es un factor determinante para entender la dinámica de la riqueza, la felicidad y la realización espiritual.

Además de su significado material, el dinero tiene un peso simbólico que se entrelaza con nuestro paisaje emocional. Por lo general, las personas atribuyen emociones profundas como el miedo, la ansiedad, la felicidad y la satisfacción a cuestiones financieras que reflejan sus valores, creencias y experiencias. Comprender esta moneda emocional es clave para navegar por las complejidades de la riqueza y su impacto en la realización personal.

La interacción entre dinero y emociones trasciende las meras transacciones financieras y penetra hasta el núcleo de la conciencia humana. Emociones como el resentimiento, la alegría, la ira y el miedo están intrínsecamente entrelazadas en nuestras percepciones de la riqueza y la abundancia, y las frecuencias emocionales que emitimos, ya sean positivas o negativas, influyen significativamente en nuestros resultados financieros y experiencias vitales.

Existe una correlación entre las frecuencias emocionales y el éxito financiero. Las personas que operan con frecuencias emocionales más altas, caracterizadas por la confianza, el positivismo y la gratitud, tienden a atraer la riqueza sin esfuerzo, mientras que las frecuencias emocionales más bajas, caracterizadas por la autocompasión, el resentimiento y el miedo, suelen provocar dificultades y contratiempos financieros.

Necesitamos cultivar una relación emocional positiva con el dinero para manifestar abundancia y bienestar financiero.

Adoptar la confianza, la fe y el trabajo duro como principios rectores allana el camino hacia una alineación armoniosa con la riqueza y el éxito. Pasar de las emociones negativas a una mentalidad de abundancia y gratitud sienta las bases para cambios transformadores en la realidad financiera de una persona.

Al identificar y abordar barreras emocionales profundamente arraigadas, podemos embarcarnos en un viaje de autodescubrimiento y empoderamiento financiero. Reprogramar los patrones emocionales y las creencias sobre el dinero mediante ejercicios autoterapéuticos y afirmaciones positivas se convierte en un catalizador para atraer la riqueza y la prosperidad.

Repetir estas afirmaciones todos los días puede ayudarle a alinear su mente con una perspectiva más positiva sobre la posibilidad de hacerse rico. Todo lo que necesitas hacer para crear esta afirmación es asociar una emoción positiva con ella.

Este ejercicio es aún más poderoso si asocia estados mentales familiares con las mismas emociones. Por ejemplo, podría decir: Me encanta comer, pero me gusta aún más ser rico y comer en los mejores restaurantes. O podrías decir: Me encanta ver sonreír a mi pareja y me encanta aún más el hecho de poder comprarle regalos caros que le encantan. O podrías decir: me encanta mi trabajo porque me ayuda a ganar más dinero y con ese dinero puedo viajar, hacer nuevos amigos y explorar todo lo que la vida me ofrece.

Como puede ver, es prácticamente imposible odiar el dinero cuando lo asocia con las cosas que valora, por lo que recordarse esta conexión todos los días mediante afirmaciones positivas puede cambiar realmente su mente de un estado de carencia a uno de abundancia. Te darás cuenta de ello cuando tu mente se vuelva muy creativa a la hora de ahorrar dinero y se te ocurran ideas para ganar más.

A mí me pasa a menudo. Cuando mi pareja me pide una pizza, inmediatamente comparo los mejores sitios para comer con sus precios y veo que la calidad y el coste no están correlacionados, lo que significa que puedo comer bien por menos. Y si quiero escribir un buen libro, analizo las preguntas que me hacen mis lectores, porque seguro que no han encontrado las respuestas en el contenido de mis escritos anteriores.

Para una persona normal, este constante pensar y analizar puede parecer agotador, pero sólo porque esas personas tienen emociones negativas asociadas al dinero. No quieren pensar en él, aunque lo utilicen a diario. Y al distanciarse de algo que utilizan a diario, en realidad atraen más escasez.

La solución es más bien la contraria, ver tu riqueza como un juego. Pregúntate: ¿Cuánto dinero extra puedo ingresar en mi cuenta bancaria este mes? ¿Qué podría hacer en mi tiempo libre que me ayudara a conseguir más dinero?

No tienes que preocuparte por pasar de unos pocos dólares a miles de dólares en poco tiempo si te centras en cambiar tu mentalidad hacia el dinero. Concéntrate sólo en la satisfacción de ganar un dólar más, que sólo debe provenir de tu trabajo.

Por ejemplo, ¿podrías hacer galletas y venderlas por Internet? ¿Podrías hacer un jabón natural y venderlo en las redes sociales? ¿Qué podrías hacer que fuera placentero, terapéutico, divertido y que te ayudara a ganar más dinero?

En esencia, explorar el dinero y las emociones ilumina la profunda conexión entre los estados internos y las manifestaciones externas de la riqueza. Al reconocer el impacto de las emociones en los resultados financieros, puede emprender un camino de autodominio, abundancia y bienestar holístico, al tiempo que desarrolla una relación positiva y transformadora con el dinero que le conduzca a la plenitud emocional.

Capítulo 10: El dinero como símbolo de confianza y prosperidad

El estudio del dinero como unidad de cuenta y medio de pago pone de relieve su doble función en los sistemas económicos. Como unidad de cuenta, el dinero facilita la medición y comparación del valor de los distintos bienes y servicios económicos, proporcionando una medida común para valorar las transacciones y los activos. Como medio de pago, el dinero facilita el intercambio de bienes y servicios, promoviendo así la actividad económica y permitiendo el flujo de recursos en una sociedad.

La interacción entre dinero, productividad y bienestar social refleja una relación dinámica que va más allá de las meras transacciones monetarias. La productividad y la eficiencia son factores intrínsecos que influyen en la creación y circulación de la riqueza, destacando el papel fundamental del esfuerzo humano y la innovación en la configuración del valor del dinero.

Al reconocer la interconexión de las actividades económicas y las contribuciones personales, podemos apreciar las dinámicas diferenciadas que sustentan el valor monetario, y examinar el dinero en relación con las percepciones culturales y las normas sociales arroja luz sobre las diversas interpretaciones e implicaciones de la riqueza.

Las creencias culturales, los contextos históricos y las estructuras sociales contribuyen a conformar las actitudes de los individuos hacia el dinero e influyen en las nociones de éxito, riqueza y estatus; así, el verdadero valor del dinero trasciende su forma material y abarca multitud de significados, creencias y dinámicas socioeconómicas.

Al reconocer que el dinero es un símbolo de confianza, un medio de intercambio y un reflejo de los valores sociales, podemos desarrollar una apreciación más profunda del papel polifacético de la moneda en la configuración de las esferas personal, social y económica.

El dinero sirve como medio a través del cual los individuos expresan sus deseos, intenciones y actitudes hacia la acumulación de riqueza. Fomentando una relación armoniosa con el dinero y adoptando una mentalidad de abundancia, podemos cultivar un sentimiento de prosperidad que trascienda la mera riqueza monetaria y ayude a atraer más riqueza.

El autoconocimiento, la inteligencia emocional y la gratitud son la base de nuestra capacidad para dar forma a nuestro viaje financiero. Comprender el papel de las emociones a la hora de atraer la riqueza y las oportunidades pone de relieve el poder del pensamiento positivo, la visualización y el establecimiento de intenciones para atraer la abundancia financiera; por lo tanto, al cultivar una mentalidad de abundancia y gratitud, podemos aprovechar el flujo universal de prosperidad y manifestar nuestros objetivos financieros con claridad y determinación.

Esta búsqueda de la riqueza personal requiere un enfoque holístico que integre el éxito financiero con los principios de integridad, compasión y responsabilidad social. Al alinear los objetivos financieros con los valores éticos y los principios espirituales, podemos sentar las bases de una prosperidad duradera que vaya más allá de las ganancias económicas y alcance el crecimiento personal y el impacto social.

La prosperidad personal se mide entonces no sólo por la riqueza monetaria, sino también por una sensación holística de bienestar que incluye salud física, equilibrio emocional y relaciones significativas. El vínculo entre el dinero y la realización personal subraya la importancia de alinear los objetivos financieros con objetivos y valores vitales más amplios. Al integrar la creación de riqueza con el crecimiento personal, podemos embarcarnos en un viaje de prosperidad que enriquezca no sólo nuestras cuentas bancarias, sino también nuestra calidad de vida y la de los demás.

Hay innumerables ejemplos de personas y países que han aprovechado su ascenso desde unos orígenes humildes para alcanzar un gran éxito con motivos altruistas o ideas que benefician a la humanidad. Una de esas personas es Howard Schultz, antiguo Director General de Starbucks. Schultz, que creció en un barrio pobre de Brooklyn, trabajó duro para superar sus circunstancias y acabó revolucionando la industria del café al crear una empresa que daba prioridad a la responsabilidad social y al bienestar de los empleados. Starbucks se hizo famosa por ofrecer prestaciones sanitarias y opciones sobre acciones a sus empleados, siendo pionera en un nuevo modelo de responsabilidad social corporativa.A nivel nacional, Bután es un país que ha adoptado un modelo económico único centrado en promover la Felicidad Nacional Bruta (FNB) en lugar del Producto Interior Bruto (PIB). Al priorizar el bienestar de sus ciudadanos y la protección del medio ambiente sobre la riqueza material, Bután ha dado ejemplo de desarrollo sostenible y prosperidad holística. El compromiso del país con la sostenibilidad medioambiental, la preservación cultural y el desarrollo equitativo ha inspirado conversaciones mundiales sobre paradigmas económicos alternativos que priorizan el florecimiento humano sobre el mero crecimiento económico.

Otro ejemplo es el caso de Costa Rica, un país que ha dado prioridad a la conservación del medio ambiente y al desarrollo sostenible para impulsar el crecimiento económico. Al centrarse en el ecoturismo, las energías renovables y la conservación de la biodiversidad, Costa Rica ha mejorado sus perspectivas económicas al tiempo que beneficiaba al planeta y a sus habitantes. Este enfoque no sólo impulsó la economía del país, sino que también sirvió de modelo de prácticas de desarrollo sostenible que otras naciones podrían adoptar para lograr tanto la prosperidad financiera como la protección del medio ambiente.

Estos ejemplos demuestran cómo las personas y los países pueden pasar de la pobreza a la riqueza adoptando ideas o estrategias altruistas que contribuyan positivamente a la sociedad y al mundo en general. Alineando los objetivos financieros con los valores éticos, la responsabilidad social y una visión del bien común, es posible alcanzar una prosperidad que trascienda la riqueza monetaria y cree un impacto duradero en las personas, las comunidades y el planeta.

Capítulo 11: El futuro del dinero

La evolución de los sistemas financieros y la aparición de nuevas tecnologías revolucionarán la dinámica de la acumulación de riqueza y las transacciones monetarias, dando paso a una era de cambio e innovación sin precedentes.

Un tema central que resuena en los debates sobre el futuro del dinero es la inminente transición hacia un ecosistema monetario más diverso e inclusivo. La tradicional dependencia del papel moneda dará paso a una gama más amplia de opciones, impulsada por la necesidad de una mayor flexibilidad de los mercados y una integración financiera mundial.

El amanecer de una nueva era exige una moneda mundial que trascienda las fronteras, una economías diversas y allane el camino a la igualdad de oportunidades económicas en todas las regiones. Esta evolución hacia una moneda global se sustenta en un cambio fundamental hacia el reconocimiento del valor de los bienes inmuebles como piedra angular de la estabilidad financiera y la prosperidad. Se espera que los bienes inmuebles, en lugar de activos tradicionales como el oro, desempeñen un papel clave en la configuración de la creación de riqueza y la sostenibilidad en el futuro.

El énfasis en la propiedad inmobiliaria representa una vuelta a los principios fundamentales que destacan la importancia de los activos tangibles para impulsar el crecimiento económico y la resistencia de las inversiones, y el futuro panorama del dinero se considera inextricablemente ligado a los avances en energías renovables y tecnologías innovadoras.

La aparición de soluciones energéticas sostenibles e inventos transformadores redefinirá la forma en que percibimos y utilizamos los recursos financieros, pasando de una sociedad dependiente de la centralización de los recursos energéticos manipulados por unas pocas corporaciones a otra independiente y autosuficiente.

Ya estamos viendo un atisbo de esta transición con conceptos como la conversión de la energía solar en energía utilizable y la necesidad de formas alternativas, pero respetuosas con el medio ambiente, de abastecer de combustible a nuestros vehículos.

Pronto, el mundo entero funcionará con recursos independientes de cualquier monopolio financiero. Eso, por supuesto, si podemos pasar de un mundo dominado por la codicia a otro de altruismo y mayor conciencia de nuestros recursos e interdependencia como especie planetaria colectiva, dividida no por fronteras, sino sólo por ideales.

Por el camino, algunas normas deberían caer en desuso, como la necesidad de pasaportes, fronteras y control sobre nuestros movimientos en el planeta. Vemos atisbos de ello en la Unión Europea. Esperamos que este ideal, junto con los visados especiales creados específicamente para los nómadas que quieren trabajar en el extranjero, den lugar a un nuevo colectivo planetario.

Si quieres posicionarte por delante de los demás, tienes que avanzar hacia este futuro con mente y espíritu. Es la toma de conciencia de que el mundo necesita un ascenso hacia más amor y cooperación lo que te conducirá a tu futuro ideal.

Ciertamente, cualquier cosa que decidas hacer para ser más abundante tendrá éxito si la alineas con la triangulación de una idealización de una Tierra mejor, tu necesidad de contribuir a la humanidad con tu propósito y los beneficios que te aportará una mayor abundancia en el camino.

Es más probable que atraigas abundancia cuando la alineas con tus intenciones honestas, por eso siempre que alguien me pide ayuda para encontrar su propósito de vida ideal, especialmente uno que podría hacerle muy rico, mi respuesta es siempre la misma: mira a tu alrededor y encuentra oportunidades para expandir la conciencia humana. Hay tantas maneras de hacerlo que cuando cambias tu conciencia de necesitar para ti mismo a dar a los demás, encontrarás abundancia de oportunidades. Eso es lo que significa tener una mentalidad de abundancia.

Dondequiera que voy, encuentro estas oportunidades y las comparto con los lugareños, y los que escuchan y aplican lo que digo se hacen ricos en poco tiempo, mientras que el resto sigue luchando con su falta de fe, su pereza y sus ideas preconcebidas sobre el mundo.

La gente siempre fracasa más por sus dudas que por las ideas que pone en práctica. Al apostar por su propia seguridad y por lo que saben, la mayoría de la gente invierte en su fracaso, porque el futuro no quiere nada del pasado. Si quieres hacerte rico, debes invertir siempre en el futuro.

Una de las formas más obvias de aprovechar las oportunidades es a través de los establecimientos que vemos por todas partes, es decir, cafeterías que venden exactamente las mismas cosas. Qué ventaja tienen los que venden cosas únicas sobre los que ni siquiera se atreven a copiar sus ideas. Pero lo más interesante es que los locales que venden nuevos dulces ni siquiera están inventando nada nuevo, sino simplemente importando lo desconocido y haciéndolo visible a los locales que, de otro modo, nunca lo habrían visto.

Me refiero a panaderías de China, Malasia y Filipinas que aumentan sus beneficios y su popularidad vendiendo panes y pasteles de Grecia, Francia, España, Italia y Portugal.

Si nos fijamos en el sector inmobiliario, también es muy obvio que los diseños modernos que copian las mejores ideas de todo el mundo se venden más rápido que los diseños antiguos y anticuados.

Vemos la misma tendencia en el arte: los pintores que adoptan la necesidad de innovar superan a sus colegas que siguen utilizando métodos tradicionales. Podemos llamarlo arte moderno, pero es mucho más que ideas, es la estimulación del intelecto en un mundo sobresaturado de información y caos lo que sitúa a los mejores artistas a la cabeza de la innovación y la atención, y ellos acaparan toda la riqueza mientras el resto lucha por vender, alegando que el arte no se aprecia.

Cuando se trata de libros, y como propietario de una editorial de libros, estos principios no podrían ser más obvios para mí, porque constantemente me encuentro con autores o personas que quieren publicar un libro sin tener absolutamente nada útil que decir. Quieren que su nombre aparezca en un producto importante para sentirse validados, y les da igual si sus palabras no son más que una reinvención de lo que ya han dicho otros o simplemente una necesidad de calmar su ego hablándose a sí mismos. Sus palabras no tienen valor intrínseco, y ¿cómo puede un escritor ser único y contribuir al mundo con una variedad tan amplia de opciones?

Como alguien que ha llegado a las listas de los más vendidos más de 100 veces bajo varios seudónimos, puedo darle una respuesta clara: escribiendo algo que la gente necesite y que no pueda encontrar en ningún otro sitio. Y la manera de escribir algo de calidad que no se puede encontrar en ningún otro sitio es la misma para cualquier empresa de éxito: leer mucho, encontrar información sin explotar entre líneas y detrás de los pensamientos de los autores, explorar esta información en tu propia vida y en las vidas de las personas que conoces, y centrarte en hacer una contribución a la sociedad.

En lugar de limitarte a vender sueños y emociones, piensa en cómo tus palabras moldearán la vida de otras personas. Si puedes hacerlo, podrás escribir un buen libro.

Sin embargo, la mayoría de la gente queda tan atrapada en la necesidad de ser percibida como autora que acaba concentrándose casi exclusivamente en la estructura de las frases, escribiendo con elocuencia pero sin un significado valioso.

Personalmente, no me importa la calidad de un libro si no tiene nada que enseñarme, porque el valor siempre pesa más que la calidad de las palabras.

También vemos este principio en los negocios, porque mientras muchos empresarios se obsesionan con la calidad de su producto, los que tienen éxito simplemente observan cómo reacciona la gente ante él. Del mismo modo que un libro que nadie lee es un libro sin valor, un producto que nadie compra es un producto sin valor, por mucho tiempo que dediques a promocionarlo.

Por eso tantos titulados universitarios fracasan como empresarios: se obsesionan demasiado con las teorías como para observar los resultados. Dedican demasiado tiempo a los procesos y pierden demasiado tiempo pensando en cosas inútiles.

Capítulo 12: La intersección entre conciencia y riqueza

Siempre que alguien quiere hacer negocios conmigo, pero tarda demasiado en hacer lo que dice y promete, ya sé que sólo está haciéndome perder el tiempo y buscando un refuerzo para resolver su procrastinación, pero sin ningún impacto a largo plazo en su determinación.

La mayoría de la gente simplemente no tiene lo que se necesita para tener una mentalidad de riqueza, por mucho que lean sobre ello. Y la solución para ellos es aún más ignorada que las cualidades adecuadas: significa desarrollar disciplina y analizar el origen de su ignorancia cuestionándose a sí mismos.

La creciente necesidad de coaches no es más que una oportunidad de negocio para sustituir la inutilidad de los terapeutas certificados, porque un psicólogo o psiquiatra que te hace perder el tiempo y no puede ayudarte a conseguir tus objetivos, y en cambio se obsesiona con su infancia y las drogas, en realidad no puede ayudarte a llegar a ninguna parte, salvo a salir de la puerta de tu piso y entrar en su consulta cada semana, o a mantener su trabajo, lo justo para que su negocio siga funcionando.

Tampoco necesitas certificación para producir resultados para ti y para los demás, contribuyendo a un mundo mejor. A menudo, ni siquiera necesitas los productos.

Una de mis alumnas desarrolló un negocio con nada más que una idea que le di. Años más tarde, contrató a compañeros de clase para que trabajaran para ella, y lo que estaba haciendo no era más que aplicar lo que ya hacía como intérprete. La única diferencia era que, en lugar de esperar a que los clientes llegaran al país y le enviaran un mensaje, creaba paquetes de inversión empresarial que ofrecía a empresas de Sudamérica. Sus paquetes incluían todo lo que desearía alguien que quisiera invertir en una fábrica china: conocimiento de los posibles fabricantes, un traductor e intérprete que acompañara al grupo a diario, reservas de hotel, de restaurantes, etcétera. Después de pagarle, no tenían nada más de qué preocuparse.

Se hizo tan rica que sus compañeros, por curiosidad, me preguntaron qué le había dicho. La respuesta no fue la que esperaban: le conté lo mismo que a los demás, porque lo compartí en clase.

Muchos estaban jugando con sus móviles mientras yo hablaba porque no creían que lo que yo decía fuera importante y estuviera relacionado con sus exámenes, otros se quejaban a mis compañeros de que perdía el tiempo enseñando temas que no tenían nada que ver, y sólo esta chica copiaba y aplicaba la información que yo compartía.

Cuando estos alumnos me pidieron que les repitiera lo que les había dicho ese día, les dije: Leed mis libros, porque ya no soy vuestro profesor.

La gente suele perder las mejores oportunidades de su vida simplemente porque no presta atención. Muchos de mis alumnos de otras universidades han aplicado las ideas que compartí con ellos y se han vuelto extremadamente ricos y felices con sus vidas. Ni siquiera eran los mejores estudiantes ni las ideas eran extraordinarias. Simplemente compartí con ellos lo que había observado en su país y combiné sus habilidades con necesidades obvias que podían beneficiar a muchos.

Esa es la fórmula del éxito, pero como la gente está demasiado obsesionada con el dinero para preocuparse por las necesidades de los demás, deja de mirar, y mirar es la habilidad más importante de un buen emprendedor.

Otro problema que tiene mucha gente, además de no mirar, es no ver, como cuando piensan que el profesor es idiota porque se supone que enseña algo de un libro y no sabe nada de economía. Pero lo que es peor, no escuchan, porque la razón por la que a menudo me han pedido que enseñe a sus profesores cómo enseñar e incluso que dé lecciones sobre cómo redactar un CV y cómo actuar en una entrevista es que yo había trabajado como gestor de empresas antes de trabajar en universidades. También ignoraban este hecho obvio.

La gente es demasiado ciega, sorda y estúpida para ver las oportunidades que tienen delante y luego afirman que tienen mala suerte, pero igual que la suerte favorece a la mente preparada, los que son demasiado estúpidos siempre piensan que la suerte no está de su parte.

Si trabajas duro con lo que alguien comparte contigo y llegas a tener un éxito increíble, los mismos vagos, incultos y cerrados de mente te dirán que tienes mucha suerte. Así de inútiles son sus opiniones, incluso cuando se quejan de quienes intentan ayudarles, simplemente porque esa ayuda no se ajusta a sus prejuicios y suposiciones sobre la realidad que desean perpetuar.

Quienes se esfuerzan más por mantener el mundo como está, en lugar de moverlo hacia un futuro mejor, siempre tienen más probabilidades de fracasar en la vida, y por razones obvias: están invirtiendo en el pasado.

Sus mentes están adormecidas, no hay creatividad, emoción ni motivación ante la perspectiva de crear un mundo mejor para los demás o para sí mismos, sólo pueden envidiar y codiciar lo que otros tienen. Pero cuanto más se centra una persona en las oportunidades que están alineadas con la conciencia superior, mayor es la probabilidad de éxito. Por eso los principios espirituales siempre están alineados con la prosperidad.

Esto no significa que debas confundir la religión con la espiritualidad, porque no son lo mismo, y la religión no es más que un conjunto de principios acordados sobre la espiritualidad y la naturaleza humana que a menudo llevan a las personas a una creencia en lugar de a una realidad.

No hay Dios en la imposición de creencias y dogmas. Las religiones son escenarios para adorar demonios. Hay más Dios en un concierto de heavy metal que en una iglesia, porque el Dios real es el Dios de la creatividad, la expresión emocional, la autoconciencia y el cuestionamiento.

Si quieres conocer a Dios, primero tienes que aprender a preguntar y estudiar sus respuestas. Entonces verás que Dios responde a tus oraciones cada día con todo lo que te llega. Incluso tus seres queridos fallecidos te están ayudando desde el mundo de los espíritus, preparando el escenario para los milagros que te llegarán.

Todo lo que tienes que hacer es aceptar estos regalos y comprender su significado. De hecho, a menudo los espíritus detrás del velo de la realidad simplemente han cooperado para traer a las personas adecuadas a tu vida.

Uno de estos grandes regalos es una pareja que te apoye, y todo lo que tienes que hacer es respetarla y apreciarla y fluir con esta energía hacia una existencia mejor. Muchos hombres han llegado a ser más grandes, no por lo que aprendieron o hicieron, sino por las mujeres que entraron en sus vidas con amor, valor y fe.

Pero qué miserable es el mundo cuando a las mujeres se les dice que están mejor solas, porque es un mundo en el que se extienden la promiscuidad, la demencia, la soledad y la miseria.

Cuando las mujeres no comprenden su papel de creadoras y los hombres pierden el interés por construir familias sanas, la sociedad no puede sostenerse y se arruina por la depresión y el suicidio, así como por la falta total de valores morales y de ambición.

Capítulo 13: El poder de las creencias subconscientes en la creación de riqueza

A medida que el mundo financiero sigue evolucionando, la interacción entre las monedas digitales y los sistemas monetarios tradicionales configurará el futuro de la gestión de la riqueza y las transacciones.

La aparición de las monedas digitales representa un cambio de paradigma hacia mecanismos financieros descentralizados y seguros. La integración de tecnologías de vanguardia como los microchips RFID pone de relieve el potencial de cambios revolucionarios en la forma en que percibimos, realizamos transacciones y almacenamos la riqueza en la era digital.

El problema al que podemos enfrentarnos no son tanto las tecnologías en sí, sino el intento de unos pocos elegidos de utilizarlas para controlar a las masas y redirigir este futuro potencial hacia ellos mismos, limitando las posibilidades de un verdadero espíritu empresarial.

El futuro del dinero inaugura una nueva era de conciencia financiera en la que los valores de sostenibilidad, innovación e inclusión convergen para redefinir la dinámica de creación y distribución de la riqueza, pero debemos ser conscientes del intento de unos pocos de monopolizar este futuro, como hicieron con nuestro pasado y las tecnologías que se desarrollaron.

Por ejemplo, la bombilla es un invento menor comparado con el modelo propuesto por Nikola Tesla, que podría revolucionar el mundo y adelantarlo muchos miles de años.

Cuando miramos el estado de la tecnología que tenemos y lo comparamos con la gran cantidad de conocimiento suprimido, es inevitable darse cuenta de que estamos muchos miles de años por detrás del mundo que deberíamos tener, y esta necesidad de corregir nuestro camino no ocurrirá hasta que ascendamos en consciencia y nos demos cuenta de los engaños que continúan hasta el día de hoy.

Es necesario detener a aquellos que están motivados por la codicia y apoyar a aquellos que están motivados por valores altruistas de cooperación global e igualación de beneficios y oportunidades para la gente del planeta. Gran parte de este proceso requerirá que nos fijemos en lo que ha sido suprimido o descuidado y olvidado, más que en nuevas ideas o inventos. Aprovechar el potencial transformador de la tecnología, la sostenibilidad y la conectividad global es clave para desbloquear un futuro en el que la prosperidad no sea sólo una aspiración, sino una realidad compartida por individuos y sociedades de todo el mundo.

En este escenario potencial, el futuro del dinero es tan real como lo que podemos hacer por los demás, porque evolucionará a medida que evolucionemos como especie planetaria. Vamos hacia allí porque ya comprendemos que los libros tienen valor por sí mismos, incluso en formato digital.

Esperamos que, a medida que más gente esté dispuesta a pagar por el conocimiento y la información y que este proceso sea más accesible a las masas, la posibilidad de una Tierra mejor se convierta en una realidad a nuestro alcance.

Por otro lado, no hay mucho que se pueda hacer por un pueblo ignorante, porque los ignorantes no pueden ver ni apreciar las cosas buenas. Eso es la ignorancia, la incapacidad de ver el valor, así que la ignorancia lleva al fracaso, y el fracaso lleva a la miseria.

Si quieres hacerte rico, primero tienes que educarte, y eso empieza con los libros. Nunca he conocido a nadie que fracasara por no tener un título universitario, pero tampoco he conocido a un empresario de éxito que no leyera mucho.

Explorar lo desconocido a través de la lectura y el aprendizaje revela las influencias ocultas que conforman nuestra percepción de la riqueza y la prosperidad, arroja luz sobre el profundo impacto de nuestras creencias acerca del éxito financiero y el bienestar, y amplía nuestro potencial para manifestar nuestros sueños.

La fuerza de voluntad por sí sola nunca es suficiente; necesitas aprender, cambiar y mejorar. Y aunque el fracaso no determina tus resultados, es poco probable que tengas éxito a menos que estés dispuesto a aprender de esos fracasos y a mejorar.

Las creencias y mentalidades subconscientes que tenemos desempeñan un papel fundamental en la configuración de nuestra realidad financiera. Las creencias arraigadas que tenemos sobre el dinero, la riqueza y el éxito, a menudo basadas en los paradigmas de las personas que nos rodean, forman la base de nuestras decisiones y comportamientos financieros.

Gran parte de lo que nos lleva al fracaso tiene su origen en los falsos paradigmas, miedos y creencias de los demás. Estas creencias, a menudo arraigadas en nosotros desde la infancia o a través del condicionamiento social, dictan nuestra relación con la riqueza e influyen en nuestras decisiones financieras de forma sutil pero significativa.

Comprender el poder de las creencias en el ámbito financiero es esencial para desbloquear nuestro verdadero potencial de riqueza.

La mente subconsciente actúa como un orquestador silencioso, moldeando nuestra trayectoria financiera en función de las creencias y patrones de pensamiento que mantenemos. Al investigar nuestras creencias subconscientes sobre el dinero, podemos descubrir las barreras ocultas y las creencias limitantes que pueden estar frenando nuestro crecimiento financiero y nuestra abundancia.

Es en nuestro subconsciente donde podemos desentrañar la intrincada red de creencias que sustentan nuestras decisiones y comportamientos financieros. Lo hacemos cuestionando nuestros propios pensamientos y decisiones y racionalizando formas de mejorarlos mediante el pensamiento sistémico y la disciplina.

Sin autodisciplina, nada cambia. Pero todo empieza con un calendario y un compromiso con nuestros objetivos dentro de una transacción autoimpuesta de tiempo y resultados.

Al descubrir los sistemas de creencias ocultos que guían nuestras decisiones financieras, podemos reprogramar conscientemente nuestra mente para el éxito y la prosperidad. Este proceso implica desafiar y remodelar las creencias limitantes, cultivar una mentalidad de abundancia y alinear nuestros pensamientos y acciones con nuestros objetivos financieros.

Al cultivar un conocimiento más profundo de nuestras creencias subconscientes y su influencia en los resultados financieros, podemos embarcarnos en un camino de creación consciente de riqueza y realización.

Empieza escribiendo todo lo que tus padres te dijeron o enseñaron sobre el dinero y empezarás a comprender qué creencias subconscientes te están frenando.

Esta exploración introspectiva le permite aprovechar el poder de sus creencias para manifestar abundancia financiera y prosperidad en consonancia con sus verdaderos deseos y aspiraciones, ya que revela una profunda conexión entre su mentalidad subconsciente y la realidad financiera.

Al ahondar en las profundidades de sus creencias sobre la riqueza, la abundancia y el éxito, puede desbloquear el potencial oculto para el crecimiento financiero y la prosperidad.

Capítulo 14: La intersección de la percepción y la riqueza en el éxito financiero

La esencia de integrar disciplina y estrategia en los asuntos financieros reside en la capacidad de prever posibles retos, capitalizar las oportunidades y navegar con eficacia por el complejo panorama del crecimiento financiero.

Un aspecto clave de la aplicación de la estrategia a los esfuerzos financieros es el énfasis en el establecimiento de objetivos claros y alcanzables. Al definir objetivos financieros específicos y trazar una hoja de ruta para alcanzarlos, podemos trazar un camino hacia el éxito.

Establecer objetivos estratégicos proporciona una dirección y un sentido de propósito en la gestión de las finanzas, permitiendo a las personas mantener la concentración y el compromiso con sus objetivos financieros.

Además, la planificación financiera estratégica implica evaluar riesgos y oportunidades, analizar las tendencias del mercado y tomar decisiones de inversión con conocimiento de causa.

Mediante una investigación exhaustiva, podemos identificar posibles áreas de crecimiento, mitigar los riesgos y aprovechar las oportunidades del mercado. Las decisiones de inversión estratégicas basadas en una investigación y un análisis sólidos pueden conducir a la creación de riqueza sostenible y a la estabilidad financiera a lo largo del tiempo.

Incorporar la planificación de contingencias a las estrategias financieras es esencial para mitigar circunstancias imprevistas y garantizar la seguridad financiera a largo plazo. La creación de fondos de emergencia, la cobertura de seguros y la diversificación de las carteras de inversión son medidas estratégicas para protegerse frente a contratiempos inesperados y recesiones financieras.

Además, la planificación estratégica incluye el seguimiento y la evaluación continuos de los resultados financieros para seguir los avances hacia los objetivos y realizar los ajustes necesarios.

La evaluación periódica de las estrategias financieras permite tomar decisiones proactivas, corregir el rumbo y optimizar los recursos para maximizar los beneficios y minimizar los riesgos.

Al mantener un enfoque dinámico de la gestión financiera, podemos seguir siendo ágiles y reaccionar ante los cambios en la dinámica del mercado y las circunstancias personales.

Una parte integral de la planificación financiera estratégica es cultivar una mentalidad de innovación y adaptabilidad. Adoptar la innovación en las prácticas financieras, explorar nuevas oportunidades de inversión y mantenerse al día de las tendencias emergentes son acciones estratégicas que pueden potenciar el crecimiento financiero y la diversificación.

Al permanecer abiertos a nuevas posibilidades y adelantarse a los acontecimientos, los empresarios pueden utilizar la innovación para impulsar el éxito financiero y aprovechar las condiciones cambiantes del mercado.

Integrar la planificación estratégica en los esfuerzos financieros es clave para lograr el éxito financiero, la sostenibilidad y la prosperidad a largo plazo. Adoptando una mentalidad estratégica, fijando objetivos claros, investigando a fondo, aplicando medidas de contingencia y promoviendo la innovación, podemos navegar por el complejo panorama financiero con confianza y determinación.

A medida que nos adaptamos a los cambios del mercado, nuestras percepciones cambian y adquirimos la capacidad de predecir resultados futuros, lo que nos ayuda a minimizar los riesgos e incluso a prepararnos para lo peor.

De hecho, la percepción desempeña un papel fundamental en la configuración del valor y la importancia del dinero en nuestras vidas, así como en la ampliación de nuestra capacidad para pensar más allá de los contratiempos y retos actuales. Pero uno de los mayores errores que veo cometer a la gente, y que describe claramente su mentalidad de pobreza, es tratar de medir los resultados de los demás por lo que hacen.

La gente tiende a pensar que el producto define el éxito financiero de una persona y asumen arrogantemente el potencial de riqueza de una persona basándose en sus inversiones y creencias, y no podrían estar más equivocados, porque no es el producto el que define los resultados, sino la estrategia.

Las personas con bajo sentido del valor no ven estrategia en nada porque confunden resultados con productos. Por eso fracasan en todo lo que hacen, porque su forma de pensar sobre cada idea es errónea desde el principio.

Comprender cómo la percepción da forma al concepto de dinero ofrece una visión de las complejidades de la psicología humana, la dinámica social y los sistemas económicos. Cuanto peor se comprenda la dinámica del dinero en una sociedad, más probable será que ésta se encamine hacia su fin colectivo.

Además, la percepción del dinero como representación tangible del valor está profundamente arraigada en nuestras normas culturales y sociales, y es un espejo perfecto de la situación económica de una nación. Si los ciudadanos no entienden bien el dinero, se notará en sus propios resultados y a escala nacional.

Comprender el papel de la percepción en la formación de nuestras actitudes hacia el dinero nos permite examinar mentalidades, creencias y prejuicios sobre la riqueza y la abundancia, además de influir en la forma en que interactuamos con el dinero en nuestra vida cotidiana y en las estructuras sociales.

La percepción del dinero como herramienta de empoderamiento, libertad y oportunidad puede llevar a las personas a buscar iniciativas empresariales, oportunidades de inversión e independencia financiera. Por otro lado, la percepción negativa del dinero como fuente de estrés, codicia o corrupción puede obstaculizar el crecimiento financiero y el bienestar.

En conjunto, las percepciones sociales del dinero contribuyen a la construcción de los sistemas económicos, las instituciones financieras y las pautas de distribución de la riqueza. El valor social atribuido al dinero determina las políticas económicas, las desigualdades sociales y la dinámica de poder dentro de las comunidades.

Comprender el impacto de las percepciones sociales en las estructuras financieras es clave para abordar problemas sistémicos como la desigualdad de ingresos, la pobreza y la exclusión financiera.

En resumen, la interacción entre dinero y percepción pone de relieve la compleja relación entre las creencias individuales, las construcciones sociales y las realidades económicas. Al reconocer la influencia de la percepción sobre el valor y el significado del dinero, podemos cultivar una mentalidad positiva hacia la riqueza, empoderarnos para perseguir objetivos financieros y contribuir a la creación de una sociedad más equitativa y próspera. Adoptar una mentalidad que valore el dinero como herramienta de crecimiento, impacto y bienestar puede conducir a una transformación holística a nivel personal y social.

Capítulo 15: Prosperidad sostenible mediante la gestión de la riqueza

Cultivar una mentalidad de abundancia es esencial para reprogramar su relación con el dinero. Adoptar el concepto de abundancia y riqueza como un derecho de nacimiento puede ser un poderoso catalizador para el cambio.

Se trata de cambiar la mentalidad de escasez por la de abundancia, del miedo a la confianza en las infinitas posibilidades del universo. Visualizar una vida de libertad financiera, en la que el dinero fluye sin esfuerzo y abundan las oportunidades, puede ayudar a alinear pensamientos y acciones para alcanzar estos objetivos.

Al mismo tiempo, cultivar una actitud de gratitud por la abundancia que ya existe en la vida también puede ayudar a cambiar el enfoque de lo que falta a lo que abunda.

Practicar la generosidad compartiendo la riqueza con los demás y contribuyendo a causas que estén en consonancia con los valores personales no sólo enriquece la vida de los demás, sino que también abre canales para recibir a cambio aún más abundancia.

Abrazando la libertad financiera como un viaje holístico de empoderamiento, puedes trascender las limitaciones, liberar todo tu potencial y crear una vida de abundancia y prosperidad que se alinee con tus deseos y aspiraciones más profundos.

Esta mentalidad de abundancia también le ayuda a cultivar la resiliencia, que es esencial para superar obstáculos, adaptarse a retos imprevistos y mantener el éxito a largo plazo.

Para desarrollar la fortaleza frente a la adversidad, existen ciertos principios y prácticas que pueden guiarte. En primer lugar, es esencial crear una base financiera sólida. Esto incluye la práctica de un presupuesto prudente, el desarrollo de hábitos de ahorro saludables y la elección de inversiones estratégicas. Una base sólida proporciona una red de seguridad frente a imprevistos financieros, lo que le permite capear el temporal con mayor facilidad.

También es importante asumir riesgos e innovar en sus esfuerzos financieros. Asumir riesgos calculados y explorar estrategias innovadoras puede conducir al crecimiento y al éxito. Salir de la zona de confort, estar abierto a nuevas oportunidades y adaptarse a los cambios del mercado es esencial para prosperar en un panorama financiero dinámico.También hay que desarrollar las habilidades necesarias para gestionar eficazmente el estrés, la incertidumbre y los contratiempos, ya que esto aumentará la capacidad de tomar decisiones acertadas bajo presión.

Aprender a regular sus emociones y a comunicarse con eficacia puede aumentar su resistencia en situaciones financieras difíciles.

Es más fácil cultivar estas habilidades cuando estás informado sobre las tendencias del mercado, adoptas las nuevas tecnologías y exploras estrategias financieras innovadoras que puedan ayudarte a adaptarte a circunstancias cambiantes y aprovechar nuevas oportunidades de crecimiento.

Por eso es necesario rodearse de mentores, asesores y colegas que puedan ofrecer orientación, perspectiva y aliento en tiempos difíciles. Cultivar relaciones basadas en la confianza, la colaboración y el empoderamiento mutuo desarrolla la resistencia financiera y el ingenio.

La flexibilidad y la adaptabilidad son las principales características de las personas financieramente resilientes, ya que les permiten ajustar fácilmente las estrategias y los objetivos financieros en respuesta a las circunstancias cambiantes.

Esta adaptabilidad es clave, ya que permite crear un legado duradero que se extiende a lo largo de generaciones. La gestión sostenible del patrimonio se basa en una serie de principios y acciones fundamentales que sientan las bases para garantizar la transferencia continua del patrimonio a lo largo del tiempo.En el centro de la gestión patrimonial sostenible se encuentra la asignación estratégica de activos, un principio fundamental que implica la creación de un plan cuidadosamente adaptado que se ajuste a sus objetivos financieros, tolerancia al riesgo y horizonte temporal. Diversificando inteligentemente las inversiones en una serie de clases de activos, puede reducir eficazmente los riesgos y optimizar los rendimientos a largo plazo, construyendo una base financiera sólida para el futuro.

Complementar la asignación estratégica de activos es el elemento central de la planificación financiera a largo plazo, un componente indispensable de las estrategias holísticas de gestión del patrimonio.

Creando cuidadosamente una hoja de ruta financiera integral que incluya la planificación de la jubilación, la estructuración del patrimonio, la optimización fiscal y las tácticas de preservación del patrimonio, podrá allanar el camino hacia un futuro financiero seguro y garantizar la creación de un legado duradero para las generaciones venideras.En el ámbito de la gestión sostenible del patrimonio, la integración de la inversión de impacto y la responsabilidad social está emergiendo como una fuerza impulsora, remodelando los paradigmas de inversión con una ética de capitalismo consciente. La adopción de estos principios no sólo alinea las inversiones con los valores personales, sino que también apoya iniciativas que promueven la sostenibilidad medioambiental, fomentan el cambio social positivo y generan rendimientos financieros impactantes, incorporando una combinación armoniosa de beneficio y propósito.Igualmente fundamental para la gestión sostenible del patrimonio es la faceta de gestión de riesgos y planificación de contingencias, que sirve de baluarte contra adversidades imprevistas que podrían amenazar la estabilidad financiera. Mediante la aplicación proactiva de estrategias sólidas de mitigación de riesgos y planes de contingencia para hacer frente a las fluctuaciones del mercado, las incertidumbres económicas o las crisis personales, usted puede proteger su patrimonio y mantener una estabilidad financiera duradera frente a los desafíos.La aplicación de una gestión patrimonial adecuada y sostenible permite transferir el patrimonio entre generaciones, anunciando un enfoque estratégico para garantizar la continuidad sin fisuras de los activos y valores entre líneas familiares.

Utilizando herramientas como fideicomisos, testamentos y estructuras de gobierno familiar, puede orquestar la transferencia de riqueza con precisión y previsión, promoviendo un legado de administración responsable y prosperidad intergeneracional. Y al dotar a las generaciones futuras de los conocimientos y habilidades necesarios para navegar por las complejidades de la toma de decisiones financieras, usted puede plantar las semillas de la perspicacia financiera duradera y la resiliencia para los demás, perpetuando un legado de administración informada y prosperidad sostenible.

Capítulo 16: Valores sociales y éxito individual en la economía global

El valor que se atribuye al dinero varía de una sociedad a otra, abarcando creencias tradicionales, tendencias modernas y dinámicas económicas en evolución que conforman las percepciones de la riqueza y el éxito financiero e influyen en la distribución de la riqueza, el acceso a las oportunidades y la movilidad económica en una comunidad.

Puedes tener más oportunidades en un país que en otro, no necesariamente porque una nación sea más rica que otra, sino porque tus habilidades, ideas y talentos son más valorados y remunerados en un lugar que en otro.

Muchos artistas alcanzarían el éxito si supieran perseguirlo en lugar de forzarlo. Lo mismo ocurre con los escritores que insisten en un idioma concreto en lugar de considerar una variedad de opciones culturales y lingüísticas. También en los negocios es más probable tener éxito en lo que se hace si se elige el entorno adecuado para ello.

Por ejemplo, uno de los panaderos más ricos que conocí sólo era mediocre en Francia, pero hizo toda su fortuna rápidamente en Shanghai, y ni siquiera tuvo que cambiar nada, se limitó a seguir haciendo lo que hacía, que era fabricar cruasanes, pan y otros pasteles. Ni siquiera era un hombre de negocios inteligente, pero estaba en el lugar adecuado para hacer realidad sus sueños e incluso se casó con una mujer local.

Los sistemas de valores sociales dictan la asignación de recursos, el reconocimiento de las contribuciones individuales y la priorización de las actividades económicas coherentes con los valores y objetivos colectivos. Por otra parte, las desigualdades en la distribución de la riqueza suelen reflejar jerarquías sociales subyacentes, estructuras de poder y legados históricos que afectan a los resultados económicos y a la cohesión social.

Tu valor como individuo no viene determinado por las percepciones de los demás, sino por tu ubicación. Sea cual sea tu talento y el sueño que quieras manifestar, seguro que hay un lugar para él, o el sueño no vendría a ti y tú no tendrías el talento para manifestarlo.

Por eso les digo a mis seguidores que no se preocupen por lo desconocido, porque no necesitas saber dónde o cuándo se manifestará tu talento antes de trabajar en ello.

A medida que evoluciones hacia el sueño ideal en tu mente, los elementos necesarios se manifestarán para ti. La tierra, la ciudad y la gente vendrán a ti.

Esto no significa que debas quedarte en la ciudad que encuentres para siempre, sino simplemente que hay un lugar adecuado para cada cosa, para cada lección y para cada cambio necesario. También es cierto que no fracasas tanto en lo que haces como en la gente que te encuentras por el camino.

Pasar tiempo con las personas adecuadas puede ser fundamental para alcanzar tus objetivos en la vida. Pero encontrarlas no es tan importante como aprender a qué tipo de personas debes decir que no.

Antes de encontrar a las personas adecuadas, tienes que aprender a estar solo y decir no a las muchas personas equivocadas que se cruzan en tu camino.

Del mismo modo, antes de poder encontrar tu camino en la vida, tienes que fracasar y soportar la frustración de seguir los caminos equivocados.

Los sistemas de valores de una sociedad conforman las aspiraciones, motivaciones y actitudes individuales hacia el dinero, influyendo en la gestión financiera personal, las elecciones profesionales y las preferencias de estilo de vida que reflejan las normas y expectativas de la sociedad, así como la forma en que los individuos de esas sociedades perciben a los demás y a sí mismos.

El examen de los sistemas de valores sociales relacionados con el dinero revela la compleja interacción entre cultura, economía y comportamiento humano, permitiéndole evaluar adecuadamente su potencial dentro de esta dinámica. Comprender cómo influyen los valores sociales en el concepto del dinero arroja luz sobre las complejidades de la distribución de la riqueza, el desarrollo económico y la cohesión social en las comunidades.

Puede que no hagas amigos en las sociedades que no comparten tus valores, pero nunca te sentirás solo en las que sí los comparten. Por eso, aunque me resultaba difícil mantener una conversación normal con los muchos idiotas que conocí en Europa, incluidos los muchos nómadas norteamericanos que conocí allí, me resulta fácil hacer amigos en los países asiáticos.

Sencillamente, la sabiduría no es algo que pertenezca a Occidente, sino a Oriente. Aceptar esta realidad me ha facilitado mejorar mi vida, mi bienestar, escribir más libros, lograr más éxito financiero e incluso encontrar a mi alma gemela.

No tienes por qué disculparte por tus decisiones vitales, a menos que sientas que le debes tu futuro a tu pasado y a la gente que conociste allí. A menudo, aceptar la realidad que tienes delante y su negatividad es el primer paso para reconocer la necesidad de cambiar de lugar y encontrar el éxito en otra parte.

Capítulo 17: Creación de riqueza y espíritu empresarial en la era digital

El desarrollo de los sistemas de pago por móvil y los monederos electrónicos ha transformado la forma en que las personas realizan sus transacciones cotidianas, desde la compra de bienes y servicios hasta la transferencia de fondos y la gestión de las finanzas personales desde cualquier lugar del mundo, haciendo muy fácil y asequible para cualquiera desplazarse de un lugar a otro del planeta. Hoy podemos llamar nómadas a estos individuos, pero sólo porque las masas no han aprendido a normalizar esta dinámica y siguen estancadas en las etapas sociales anteriores, es decir, la agraria y la industrial.

Hemos entrado en la etapa postindustrial de la sociedad, que empezó a surgir a finales del siglo XX y sigue evolucionando en la actualidad. Sin embargo, aunque la sociedad actual suele denominarse sociedad postindustrial debido al paso de economías basadas en la fabricación a economías basadas en los servicios, el papel cada vez más importante de la tecnología y la información en la vida cotidiana nos está llevando a una etapa completamente nueva.

Esta nueva etapa social se caracteriza por las aplicaciones de pago por móvil, las opciones de pago sin contacto y los monederos digitales, que han simplificado el proceso de transacción, permitiendo a los usuarios pagar cómodamente en sus teléfonos inteligentes, tabletas o dispositivos portátiles. La comodidad, rapidez y accesibilidad de las transacciones móviles han reconfigurado el comportamiento de los consumidores y las prácticas de los comerciantes en la era digital, yendo más allá de las monedas digitales y los pagos móviles para entrar en el ámbito del comercio electrónico, los mercados en línea y los activos virtuales.

Estas características han hecho más fácil comprar en línea, lo que a su vez ha facilitado la aparición de negocios en línea y ha abierto un horizonte ilimitado en cuanto a la necesidad de desarrollar aplicaciones relacionadas con el marketing y la gestión de productos.

Hoy en día, cualquier adolescente con acceso a Internet puede montar un negocio en línea y vender prácticamente cualquier cosa desde cualquier lugar del mundo. Los métodos disponibles son numerosos y se han vuelto tan sencillos que cualquiera puede hacerse rico con sólo un ordenador o un smartphone.

La proliferación de plataformas de compra en línea, mercados digitales y bienes virtuales ha difuminado los límites entre las transacciones físicas y digitales, creando nuevas vías de participación económica, intercambio de valor y creación de riqueza. Cualquiera puede ser emprendedor hoy en día, lo único que hace falta es la voluntad de hacerlo.

Hay tantas oportunidades que ni siquiera se necesita una idea. Hay muchos productos que pueden venderse bajo cualquier marca, y una marca no es más que una palabra.

El futuro de nuestros sistemas económicos reside en la convergencia de las innovaciones tecnológicas, las estructuras reguladoras y las preferencias de los consumidores que configuran el paisaje de las interacciones financieras. Pero las actitudes culturales hacia el dinero también influyen en los hábitos de consumo, las prácticas de ahorro y las decisiones de inversión en todo el mundo.

Algunas culturas dan prioridad al bienestar colectivo y al apoyo de la comunidad sobre la acumulación de riqueza individual, mientras que otras hacen hincapié en el éxito financiero personal y las posesiones materiales como marcadores de realización y felicidad.

La exploración de las perspectivas globales sobre el dinero revela un tapiz de valores, creencias y prácticas que sustentan los comportamientos financieros y las interacciones económicas en diversos entornos culturales. Al explorar la naturaleza polifacética del dinero en un contexto global, podemos profundizar en la interconexión de las economías, las culturas y las experiencias humanas en un mundo cada vez más interconectado.

El dinero desempeña un papel importante en la realización y la satisfacción personales, ya que se cruza con diversos aspectos de la experiencia y el bienestar humanos, pero la relación entre dinero y realización no sólo abarca la abundancia material, sino también consideraciones espirituales, emocionales y relacionales que conforman la sensación de satisfacción y la calidad de vida general de una persona.

La búsqueda de la realización personal a través del dinero suele reflejar deseos más profundos de seguridad, libertad y autorrealización. El dinero se considera un medio para satisfacer las necesidades básicas, proporcionar comodidad y crear oportunidades de crecimiento y autoexpresión. Pero, ¿es un error buscar una vida de abundancia para aumentar nuestra autoestima?

Todo depende de cuánto tiempo puedas aguantar si te sientes perdido cuando la sociedad insiste en que el dinero determina el valor de tus estrategias y planes de futuro.

Por ejemplo, durante muchos años me llamaron loca personas que no creían que pudiera tener éxito como escritora. Esta actitud hacia mis resultados persiste hasta el día de hoy porque mucha gente no cree que yo haría lo que ya hago para ganarme la vida.

La mayoría de la gente no creerá en tus ideas antes de que tengas éxito y puede que tampoco crea en ellas después de que lo tengas, prefiriendo tacharte de delincuente y mentiroso.

Aunque muchas personas buscan la estabilidad financiera y la abundancia como una forma de alcanzar sus objetivos, perseguir sus pasiones y tener una sensación de realización y satisfacción en la vida, esto puede suceder después de muchos años de lucha, decepción y frustración, por lo que no experimentarás la felicidad hasta que te sientas cómodo con la infelicidad.

No experimentarás la riqueza hasta que te sientas cómodo con la pobreza. Algunos de los empresarios con más éxito que conozco pasaron años de extrema pobreza y hambre.

Capítulo 18: Cultivar una relación positiva con el dinero

Cultivar una relación positiva con el dinero implica alinear los objetivos financieros con los valores personales, las consideraciones éticas y un sentido más amplio del propósito y el significado de la vida.

Quienes ven el dinero como una herramienta para mejorar su bienestar, contribuir al bien común y apoyar el propósito de su vida tienden a experimentar un sentido más profundo de realización y satisfacción.

El impacto del dinero en la realización personal está interrelacionado con el bienestar emocional, la salud mental y la dinámica de las relaciones. Las dificultades económicas, el endeudamiento y la escasez pueden provocar estrés, ansiedad y sentimientos de inadecuación que socavan la sensación de plenitud y paz interior.

Por el contrario, la seguridad financiera, la abundancia y la buena gestión del dinero pueden fomentar la confianza, la autonomía y el equilibrio emocional, aumentando la satisfacción y el bienestar general.

La búsqueda de la realización a través del dinero también implica equilibrar los deseos materiales con el crecimiento espiritual, la participación en la comunidad y las contribuciones a la sociedad.

Las personas que ven el dinero como una herramienta para crear un cambio positivo, apoyar causas significativas y cultivar las relaciones tienden a tener un sentido más profundo de realización y propósito en sus actividades financieras. Encontrar la armonía entre el éxito financiero y el bienestar holístico implica integrar los objetivos financieros con el crecimiento personal, la responsabilidad social y los principios espirituales para crear una vida significativa y plena.

Explorar la relación entre el dinero y la realización personal revela la naturaleza multidimensional de la riqueza y el bienestar. Al reconocer el dinero como un recurso para satisfacer necesidades materiales e inmateriales, podemos cultivar un enfoque equilibrado de la gestión financiera que alinee nuestros objetivos económicos con nuestros valores, aspiraciones y visión global de una vida plena.

El dinero, cuando se utiliza de forma reflexiva e intencionada, tiene el potencial de aumentar la realización personal, promover la felicidad y contribuir a una vida llena de significado, alegría y satisfacción.

Cultivar una mentalidad de riqueza implica alinear las propias emociones, creencias, actitudes y comportamientos con los principios de abundancia, éxito y creación de riqueza para manifestar los resultados financieros deseados.

Cuando creemos que nuestros esfuerzos son para un bien mayor, es más probable que nos sintamos realizados, felices y comprometidos con la creación de riqueza.

En lugar de centrarse únicamente en el beneficio personal, las personas con una mentalidad de riqueza dan prioridad a la creación de valor para los demás a través de productos o servicios que satisfagan necesidades y deseos específicos. Comprendiendo la dinámica del mercado, identificando oportunidades y ofreciendo un valor excepcional, podemos cosechar recompensas financieras y crear una riqueza sostenible en el tiempo.

Al mismo tiempo, no hay que subestimar la importancia de la confianza en uno mismo y del diálogo positivo para fomentar una mentalidad de riqueza. Creer firmemente en tus habilidades, en el valor de tu éxito financiero y en tu capacidad para alcanzar tus objetivos es un poderoso motor de creación de riqueza.

La confianza permite a las personas asumir riesgos calculados, aprovechar las oportunidades y perseverar ante los retos.La autoconversación positiva también desempeña un papel clave en la formación de la mentalidad de una persona hacia la abundancia. Al sustituir los pensamientos negativos y las creencias limitantes por afirmaciones de éxito, abundancia y prosperidad, podemos reprogramar la mente subconsciente para que apoye nuestros objetivos financieros.

Este cambio de mentalidad puede tener un profundo impacto en los comportamientos, las actitudes y las acciones y, en última instancia, conducirnos al éxito financiero.Mantener una mentalidad de riqueza es algo más que acumular dinero. Se trata de adoptar una serie de creencias, actitudes y comportamientos coherentes con los principios de abundancia, éxito y prosperidad. Al cultivar una mentalidad basada en la creación de valor, la disciplina, la responsabilidad, la confianza en uno mismo y la confianza en nuestras decisiones, podemos posicionarnos para la abundancia financiera a largo plazo, la realización y la creación de riqueza.

Capítulo 19: La interacción entre el bienestar financiero y la salud mental

No podemos ignorar la profunda conexión que existe entre el bienestar financiero y la salud mental. Debemos adoptar un enfoque integral del bienestar financiero que incluya la resiliencia psicológica, el bienestar emocional y la concienciación sobre la salud mental.

La carga de los retos financieros, el endeudamiento y la incertidumbre económica pueden contribuir significativamente a los sentimientos de ansiedad, depresión y angustia emocional, que afectan a nuestra productividad y a nuestra capacidad para tomar decisiones eficaces.

Es aconsejable considerar la necesidad de servicios de apoyo y asesoramiento en salud mental cuando nos enfrentamos al estrés financiero o a retos emocionales.

Muchos de mis seguidores de éxito buscaron mis servicios de coaching cuando se sentían en su peor momento y no tenían perspectiva de qué hacer con sus vidas, años antes de alcanzar el éxito.

Consultar a profesionales de la salud mental, coaches de vida, terapeutas o consejeros puede ayudarte a desarrollar estrategias de afrontamiento, habilidades de resiliencia y prácticas de bienestar emocional que apoyen tu viaje financiero.

Tú eres responsable de tus actos y de buscar ayuda en quienes pueden ayudarte, pero aprender de los demás sobre cómo superar las dificultades emocionales puede darte la resiliencia y la autoconciencia necesarias para tomar mejores decisiones financieras y gestionar eficazmente la dinámica de las relaciones.

También deberías adoptar prácticas de autocuidado y técnicas de reducción del estrés, dando prioridad a actividades que fomenten la relajación, la atención plena, la salud física y el equilibrio emocional.

Algunas de estas actividades pueden incluir la participación en comunidades de apoyo, redes de pares o grupos de defensa de la salud mental. Al conectar con otras personas que entienden tu experiencia, puedes cultivar la empatía, la comprensión compartida y el apoyo mutuo que contribuyen a la concienciación sobre la salud mental y la resiliencia financiera.

La combinación de estas estrategias le permitirá afrontar los retos financieros con resiliencia, compasión y claridad mental.

A medida que desarrollamos una sabiduría superior sobre el dinero, comprendemos el poder transformador de dominar nuestras emociones sobre el dinero. En lugar de forzarnos a seguir caminos que niegan nuestra individualidad, buscamos un enfoque autoterapéutico para reprogramar nuestras creencias y actitudes hacia la riqueza.

Este enfoque de la vida y el dinero hace hincapié en las consideraciones éticas en cuestiones financieras y aclara el vínculo inextricable entre el éxito financiero, la madurez espiritual y el bienestar psicológico.

Al perseguir una vida de abundancia financiera, estamos llamados a alinear nuestras aspiraciones económicas con nuestros valores personales más profundos y a cultivar una mentalidad de abundancia que vaya más allá de la mera acumulación de riqueza.

Al profundizar en la intrincada relación entre el dinero y las emociones, llegamos a comprender cómo nuestros estados emocionales afectan a nuestra riqueza, felicidad y realización espiritual. Desentrañamos el impacto de nuestras creencias, mentalidad subconsciente y sesgos de comportamiento en nuestras decisiones financieras, retándonos a adoptar una mentalidad de riqueza, tomar decisiones informadas y priorizar las estrategias a largo plazo sobre las ganancias inmediatas.En última instancia, el camino hacia el empoderamiento financiero y la prosperidad requiere un enfoque holístico que abarque la gestión ética de la riqueza, la riqueza sostenible y una relación armoniosa con el dinero y el éxito. Es un viaje que nos lleva a una comprensión más profunda de nuestros valores y propósitos y nos capacita para crear un legado que trasciende la mera riqueza material.Al recorrer este camino, recordemos que la verdadera abundancia no se mide sólo en cifras, sino en la riqueza de nuestro espíritu, la profundidad de nuestra compasión y el legado de integridad que dejamos tras de sí.

Que recorramos este camino con gracia, sabiduría y un compromiso inquebrantable para crear un mundo en el que el poder financiero sea sinónimo de realización espiritual y verdadera prosperidad.

Glosario

Abundancia, mentalidad de: Una perspectiva que ve los recursos, las oportunidades y la riqueza como abundantes y accesibles.

Afirmaciones financieras positivas: Afirmaciones utilizadas para reprogramar las creencias subconscientes sobre el dinero y la riqueza.

Alineación de valores personales: garantizar que los objetivos y las prácticas financieras de una persona estén en armonía con sus valores personales y su propósito vital.

Alquimia del dinero: El proceso transformador de entender y utilizar el dinero como una forma de energía y una herramienta para el crecimiento personal.

Alquimia financiera: proceso de transformación de la relación con el dinero mediante prácticas espirituales y psicológicas.

Bienestar financiero: Estado de bienestar general relacionado con la situación financiera de una persona, que abarca tanto la prosperidad material como la salud mental/emocional.

Colectivos, Valores: Creencias, actitudes y prioridades compartidas dentro de una sociedad que influyen en los sistemas económicos y en el comportamiento financiero individual.

Conciencia de riqueza: Un estado mental alineado con la abundancia, la prosperidad y el potencial ilimitado de creación de riqueza.

Conciencia: El estado de percepción y conciencia que configura la forma en que una persona entiende la riqueza, el éxito y la realización personal.

Creación de riqueza altruista: generación de riqueza con la intención de beneficiar a la sociedad y contribuir al bien común.

Creencias subconscientes: Actitudes y percepciones profundamente arraigadas sobre el dinero y la riqueza que operan por debajo del nivel de conciencia.

Danza simbólica del dinero: la compleja interacción entre el dinero, los valores personales, las normas sociales y el comportamiento individual.

Digital, Economía de la Era: El panorama económico configurado por los avances tecnológicos, incluidas las monedas digitales y los mercados en línea.

Dinero como energía: La perspectiva que ve el dinero como una forma de energía que fluye y circula para crear oportunidades y facilitar el crecimiento.

Economía, Global: Sistema interconectado de actividades económicas e intercambios financieros entre diferentes países y culturas.

Emocional, Moneda: Las asociaciones y respuestas emocionales que los individuos tienen hacia el dinero.

Empoderamiento financiero: Adquisición de conocimientos, habilidades y confianza para tomar decisiones financieras con conocimiento de causa.

Escasez, mentalidad de: Una perspectiva que ve los recursos, incluido el dinero, como limitados y difíciles de obtener.

Espiritual, Economía: La integración de principios y prácticas espirituales en la toma de decisiones financieras y en las estrategias de creación de riqueza.

Ética, gestión de la riqueza: Gestión de los recursos financieros en consonancia con los principios morales y la responsabilidad social.

Felicidad Nacional Bruta (FNB): Modelo económico alternativo que prioriza el bienestar y la felicidad de los ciudadanos sobre las medidas tradicionales de crecimiento económico.

Holístico, Prosperidad: Un enfoque global de la riqueza que integra el éxito financiero con el crecimiento espiritual y la satisfacción general con la vida.

Ilusorio, Naturaleza del Dinero: El concepto de que el dinero es una representación simbólica de valor, más que una fuente inherente de valor o felicidad.

Ley de atracción: La creencia de que los pensamientos y actitudes positivos o negativos pueden influir en las experiencias vitales de una persona y en sus resultados financieros.

Manifestación: El proceso de hacer realidad los deseos y objetivos a través de la intención, la creencia y la acción.

Mentalidad de riqueza: Conjunto de creencias, actitudes y comportamientos que favorecen la creación y el mantenimiento de la abundancia financiera.

Percepción de la riqueza: forma en que las personas y las sociedades ven e interpretan el concepto de riqueza, lo que influye en las actitudes y los comportamientos relacionados con el dinero.

Prosperidad, Conciencia de: Un estado mental abierto y expectante de abundancia y éxito en todas las áreas de la vida.

Resiliencia financiera: capacidad de resistir y recuperarse de contratiempos financieros y de adaptarse a circunstancias económicas cambiantes.

Responsabilidad social en la riqueza: La idea de que los individuos y las empresas tienen el deber de utilizar su riqueza de forma que beneficie a la sociedad.

Sostenible, Prosperidad: Un enfoque a largo plazo de la creación de riqueza que equilibra el éxito financiero con el cuidado del medio ambiente y la responsabilidad social.

Valor, Creación: Proceso de generación de valor a través de productos, servicios o ideas que satisfacen necesidades o deseos específicos en el mercado.

Solicitud de Reseña de Libro

Estimado lector,

Gracias por comprar este libro. Me encantaría tener noticias suyas. Escribir una reseña de un libro nos ayuda a entender a nuestros lectores y también influye en las decisiones de compra de otros lectores. Su opinión es importante. Por favor, escriba una reseña del libro. Agradecemos su amabilidad.

Sobre el autor

Dan Desmarques es un autor de renombre con una notable trayectoria en el mundo literario. Con una impresionante cartera de 28 bestsellers en Amazon, entre ellos ocho números 1, Dan es una figura respetada en el sector. Gracias a su formación como profesor universitario de escritura académica y creativa, así como a su experiencia como consultor empresarial experimentado, Dan aporta una combinación única de conocimientos a su trabajo. Sus profundas ideas y su contenido transformador atraen a un amplio público y abarcan temas tan diversos como el crecimiento personal, el éxito, la espiritualidad y el sentido profundo de la vida. A través de sus escritos, Dan anima a los lectores a liberarse de sus limitaciones, dar rienda suelta a su potencial interior y embarcarse en un viaje de autodescubrimiento y transformación. En un mercado tan competitivo como el de la autoayuda, el excepcional talento de Dan y sus inspiradoras historias lo convierten en un autor sobresaliente, que motiva a los lectores a interesarse por sus libros y emprender un camino de crecimiento personal e iluminación.

También escrito por el autor

1. 66 Days to Change Your Life: 12 Steps to Effortlessly Remove Mental Blocks, Reprogram Your Brain and Become a Money Magnet

2. A New Way of Being: How to Rewire Your Brain and Take Control of Your Life

3. Abnormal: How to Train Yourself to Think Differently and Permanently Overcome Evil Thoughts

4. Alignment: The Process of Transmutation Within the Mechanics of Life

5. Audacity: How to Make Fast and Efficient Decisions in Any Situation

6. Christ Cult Codex: The Untold Secrets of the Abrahamic Religions and the Cult of Jesus

7. Codex Illuminatus: Quotes & Sayings of Dan

18. How to Change the World: The Path of Global Ascension Through Consciousness

19. How to Get Lucky: How to Change Your Mind and Get Anything in Life

20. How to Improve Your Self-Esteem: 34 Essential Life Lessons Everyone Should Learn to Find Genuine Happiness

21. How to Study and Understand Anything: Discovering The Secrets of the Greatest Geniuses in History

22. Legacy: How to Build a Life Worth Remembering

23. Religious Leadership: The 8 Rules Behind Successful Congregations

24. Reset: How to Observe Life Through the Hidden Dimensions of Reality and Change Your Destiny

25. Resilience: The Art of Confronting Reality Against the Odds

26. Singularity: What to Do When You Lose Hope in Everything

27. Spiritual Warfare: What You Need to Know About Overcoming Adversity

28. Starseed: Secret Teachings about Heaven and the Future of Humanity

29. Technocracy: The New World Order of the Illuminati and The Battle Between Good and Evil

30. The 10 Laws of Transmutation: The Multidimensional Power of Your Subconscious Mind

31. The 14 Karmic Laws of Love: How to Develop a Healthy and Conscious Relationship With Your Soulmate

32. The 33 Laws of Persistence: How to Overcome Obstacles and Upgrade Your Mindset for Success

33. The 36 Laws of Happiness: How to Solve Urgent Problems and Create a Better Future

34. The Alchemy of Truth: Embracing Change and Transcending Time

35. The Antagonists: What Makes a Successful Person Different?

36. The Antichrist: The Grand Plan of Total Global Enslavement

37. The Awakening: How to Turn Darkness Into Light and Ascend to Higher Dimensions of Existence

38. The Egyptian Mysteries: Essential Hermetic Teachings for a Complete Spiritual Reformation

39. The Evil Within: The Spiritual Battle in Your Mind Deception: When Everything You Know about God is

Wrong

40. The Game of Life and How to Play It: How to Get Anything You Want in Life

41. The Hidden Language of God: How to Find a Balance Between Freedom and Responsibility

42. The Most Powerful Quotes: 400 Motivational Quotes and Sayings

43. The Secret Beliefs of The Illuminati: The Complete Truth About Manifesting Money Using The Law of Attraction That is Being Hidden From You

44. The Secret Empire: The Hidden Truth Behind the Power Elite and the Knights of the New World Order

45. The Secret Science of the Soul: How to Transcend Common Sense and Get What You Really Want From Life

46. The Spiritual Laws of Money: The 31 Best-kept Secrets to Life-long Abundance

47. The Spiritual Mechanics of Love: Secrets They Don't Want You to Know about Understanding and Processing Emotions

48. Unacknowledged: How Negative Emotions Affect Your Mental Health?

49. Unapologetic: Taking Control of Your Mind for a Happier and Healthier Life

50. Uncommon: Transcending the Lies of the Mental Health Industry

51. Unlocked: How to Get Answers from Your Subconscious Mind and Control Your Life

52. Your Full Potential: How to Overcome Fear and Solve Any Problem

53. Your Soul Purpose: Reincarnation and the Spectrum of Consciousness in Human Evolution

Acerca del editor

Este libro fue publicado por 22 Lions Publishing.

www.22Lions.com

www.ingramcontent.com/pod-product-compliance
Lightning Source LLC
LaVergne TN
LVHW051110051026
849532LV00004BB/1496
9798330397990